学校の「読書バリアフリー」はじめの一歩

学校図書館 10 の事例

専修大学文学部教授
(公社)全国学校図書館協議会理事長
野口武悟 編著

学事出版

どの子も読書が楽しめる「読書バリアフリー」を始めよう！

読書のカタチはさまざまです。その子に合った読書のカタチを提供する取り組みが、学校図書館・公立図書館で始まっています。

バリアフリー図書の提供

国会図書館のウェブサイトから「マルチメディアDAISY図書」を1人1台端末にダウンロードして読んでいる子ども（事例1参照）

手で触って読む絵本を楽しむ子ども（事例10参照）

図書館活動

生徒が自分のおすすめの本を1箱に集めて紹介する「1箱ライブラリー」（事例4参照）

図書館の本を出前する「移動図書館」（事例8参照）

読書補助具の提供

いつでも誰でも利用できるように図書館のカウンター横に常設している「リーディングトラッカー」(事例2参照)

文字を拡大して読めたり、白黒反転して読めたりする「拡大読書器」(事例10参照)

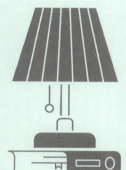

図書館内に「読書バリアフリーコーナー」を設置(事例4参照)

学級内につくった小さな図書館「マイクロライブラリー」(事例3参照)

昼休みに図書館内で行っている「図書館演奏会」(事例7参照)

はじめに

皆さんの学校では、このような子どもたちはいませんか？

- ◆ 元気に学校生活を過ごしているけれど、教科書や本を読むときだけつらそうにしている。もしかして、**読書が嫌いなのかな？**
- ◆ 授業中に国語の教科書を音読させると、１文字ずつ拾い読みをする感じで、文章の意味もつかめていない様子。もしかして、**読書が苦手なのかな？**
- ◆ 学校図書館で毎日のように本を何冊も借りていくけれど、次の日にはすべて返しに来る。「どの本が楽しかった？」と聞いても、内容は覚えていないという。本は好きなのだろうけど、もしかして、**しっかり読めていないのかも？**

　実際、子ども自身が「読書は嫌い」「読書が苦手」というケースは少なくありません。周りの大人たち（教員や司書や保護者など）は、自分も子どもの頃はそうだったから、心配はいらないと思いがちです。しかし、本当に読書が「嫌い」や「苦手」なだけなのでしょうか。放っておいても問題ないのでしょうか。

　国立情報学研究所の新井紀子さんが2018年に著した『AI vs. 教科書が読めない子どもたち』（東洋経済新報社）が話題になったのを覚えている人は多いでしょう。この本の中では、新井さんたちが行っている「リーディングスキルテスト」の結果分析が紹介されています。それは、「中学校を卒業する段階で、約３割が（内容理解を伴わない）表層的な読解もできない」、「学力中位の高校でも、半数以上が内容理解を要する読解はできない」など、衝撃的な内容でした。読めない要因として、家庭の経済

状況やディスレクシアなどの障害が考えられるとも述べています。ディスレクシアは、発達障害の一種で、視覚障害ではないものの、文字列の視覚認知などに困難があります(図1)。そのため、読みづらさを感じています。

文字がにじんで見える　　　　　　文字がゆらいで見える

鏡文字となって見える　　　　　　文字がかすんで見える

図1　ディスレクシアの人の視覚認知の例
出典：公益財団法人日本障害者リハビリテーション協会パンフレット『「読める」って、たのしい。』

　公益社団法人全国学校図書館協議会が毎年実施している「学校読書調査」によると、高校生の「不読率」(1か月に1冊も本を読まない人の割合)が5割前後で推移しています(図2)。先の新井さんの指摘をふまえて考えると、この「不読」という状態には、単に読書が「嫌い」や「苦手」にとどまらない重い意味があるのではないかと思わざるを得ません。

　読書が「嫌い」や「苦手」の裏には、「本を読みたくても、読めないんだ。助けてよ」、「どうしたら読めるようになるのか、誰か教えて」と声なき声を発して日々苦しんでいる子どもたちの姿が隠れているかもし

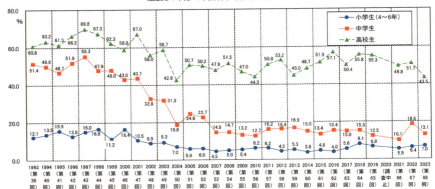

図2 小・中・高校生の「不読率」の推移
出典：全国学校図書館協議会「第68回学校読書調査概要」

れません。読書は、すべての学習の基礎ですし、長い人生における生活の質(QOL)にも関わります。読書にも、いや読書にこそ、早い段階から1人ひとりの子どもたちに寄りそった対応が必要となります。

　では、どのような対応が必要なのでしょうか。まず思いつく対応が、子どもたちに読みの練習をさせたり、たくさん本を読ませたりして、いわば「読書の経験値」を上げさせるというものです。確かに、そのアプローチには一理あります。多くの学校で、伝統的に行われてきたアプローチともいえます。しかし、先に述べたディスレクシアなどの何らかの障害のある子どもたちに、何のサポートも用意せずに、ただ「読め！読め！」と読書を勧めても効果はほとんど期待できません。むしろ、子どもと読書との距離を広げてしまいかねません。

　そうなると、次に考えられるのは、子どもたち1人ひとりの読書の実態やニーズを把握して、それに応じたサポートを用意するというアプローチです。つまり、子どもたちを取り巻く読書環境を改善（バリアフリー化）しようというものです。例えば、学校図書館や教室に、リーディングトラッカーなどの読書補助具を常備していつでも誰でも利用できるようにしたり、大活字本や音声読み上げ可能な電子書籍などを整備してい

つでも誰でも利用できるようにしたり。

　詳しくは、第1章で紹介しますが、こうした**読書環境の改善的アプロー**
チを「**読書バリアフリー**」といいます。

　本書は、この「読書バリアフリー」がテーマです。バリアフリーという
うと、障害のある子どもたちや特別支援教育を受けている子どもたちの
ための取り組みと思われるかもしれません。その通りではあるのですが、
それだけでもありません。誰にとっても利用しやすくなるというのも、
バリアフリーな環境づくりの大きな効果です。

　例えば、階段の横にエレベーターが整備されれば、車いすユーザーだ
けでなく、誰もが上下階への移動がしやすくなります。「読書バリアフ
リー」も同じです。読書環境がバリアフリーになれば、障害のある子ど
もたちはもちろん、すべての子どもたちが、より一層、読書に親しみ、
楽しめるようになるのです。

　「読書バリアフリー」は、これからの学校そして学校図書館における
読書環境づくりの基本と考えていいでしょう。本書では、そのためのす
ぐに役立つ情報や事例をたくさん用意しました。

　本書は、3章構成となっています。「第1章　学校における「読書バリ
アフリー」とは」では、「読書バリアフリー」に関する法制度、現状、
主な取組内容などを解説します。続く「第2章　事例でわかる！学校図
書館の「読書バリアフリー」」では、小学校・中学校・高等学校・特別
支援学校での10の実践事例を紹介します。そして「第3章　Q＆Aでわ
かる！学校の「読書バリアフリー」」では、「読書バリアフリー」を進め
るうえでの疑問にお答えします。また、多様な「バリアフリー図書」、国立
国会図書館の取り組み、日本点字図書館・サピエ図書館の取り組みを取
り上げた3つのコラムが、各章の内容理解を深めるものとなっています。

　さあ、学校そして学校図書館における「読書バリアフリー」推進への
はじめの一歩をふみだしましょう！

編著者　野口武悟

学校の「読書バリアフリー」はじめの一歩
学校図書館 10 の事例

目次

はじめに 4

第1章 学校における「読書バリアフリー」とは 11

急がれる、読みたくても読めない「本の飢餓」の解消／知って・生かそう「読書バリアフリー法」／高まる「読書バリアフリー」へのニーズ／読みたいに応える環境づくり①読書補助具・支援機器の整備／読みたいに応える環境づくり②「バリアフリー図書」の整備／読みたいに応える環境づくり③図書館活動・サービスの提供／体制づくりと連携

column 1 見る、聞く、さわる……。読書のカタチを選べる「バリアフリー図書」
坂本康久（オーテピア高知声と点字の図書館前館長、現副主幹） 27

第2章 事例でわかる！学校図書館の「読書バリアフリー」 37

事例1 学校図書館経由で国会図書館から1人1台端末へ貸し出しが可能に
井上賞子（島根県安来市立荒島小学校教諭） 38

事例2 学校全体で取り組む多様な子どもがいることを前提とした読書バリアフリー ～インクルーシブに向かうプロセスとして～
森村美和子（東京都狛江市立狛江第三小学校指導教諭） 48

事例 3
子どものニーズに応じた読書環境づくり
〜聴覚障害・病弱・視覚障害の子への実践例〜

松田ひとみ（鹿児島県霧島市立国分中学校講師）……… 56

事例 4
どの子も図書館に
行きたくなる仕掛け

伊達深雪（京都府立丹後緑風高等学校久美浜学舎 学校図書館司書）……… 66

事例 5
学校図書館を
活用した授業改善

土井美香子（NPO法人ガリレオ工房 東京都外部専門員）……… 76

事例 6
知的障害と肢体不自由のある
児童生徒の読書習慣づくり

生井恭子（東京都立鹿本学園主任教諭）……… 86

事例 7
チームで行う
図書館運営

福島美菜子（元島根県立出雲養護学校校長、島根大学教育学研究科特任教授）
伊藤翔太（島根県立出雲養護学校教諭 図書情報部長）……… 94

事例 8
多様な読書環境と
新しい「バリアフリー図書」の提案

三宅治朗（前岐阜県立可茂特別支援学校教諭 司書教諭、
現岐阜県立岐阜清流高等特別支援学校教諭 司書教諭）……… 102

事例 9
墨字生と点字生、一緒に学ぶ環境で
読書ニーズに応える学校図書館

富澤亨子（筑波大学附属視覚特別支援学校教諭）……… 112

事例 10
その子の読みやすさ・読む力に
合わせたバリアフリー図書の制作と提供

野口豊子（横浜市立盲特別支援学校図書館運営員）……… 120

column 2 国立国会図書館の
読書バリアフリーの取り組み
本田麻衣子（国立国会図書館 関西館 図書館協力課 課長補佐）—————— 128

column 3 日本点字図書館の教育機関との
連携を中心とした取り組み
岩渕百世・吉永真唯・柴崎修平（日本点字図書館利用サービス部 図書情報課）—————— 132

第3章 # Q&Aでわかる！
学校の「読書バリアフリー」—————— 137

Q1 他の子とは違う方法で読書をすることについて、周囲にどのように説明すればいいでしょうか。多様な読書の方法があることをどう伝えたらいいでしょうか。

Q2 予算的にさまざまな種類のバリアフリー図書を揃えることが難しいのですが、なにかよい方法はありませんか。

Q3 お金も人も限られているなかで、環境整備をどう進めたらいいでしょうか。

Q4 「視覚障害者等」に該当する児童生徒に提供するために、学校図書館で所蔵している図書や資料を著作権者の許可なしで、複製することは、可能でしょうか。

Q5 申請する際に、学校図書館からは具体的にどのような書類を提出するのでしょうか。

Q6 教材などの点字データ、DAISYデータ、テキストデータ等の学校間での共有の仕組みはできないでしょうか。

Q7 そもそも、「視覚障害者等」とはどのような状態の人のことでしょうか。

Q8 読みに困難のある児童生徒がいることをどのように証明するのでしょうか。

Q9 外国にルーツのある日本語指導を受けている児童生徒に著作権法第37条第3項により複製されたマルチメディアDAISY図書を利用させてもいいでしょうか。

Q10 知的障害の特別支援学校高等部や高等特別支援学校の生徒には、マルチメディアDAISY図書の利用は適さないのではないでしょうか。

Q11 障害のある児童生徒に応じた読み聞かせの方法を教えてください。

Q12 ロービジョン（弱視）の児童生徒が楽しめる読み聞かせ方法を教えてください。

Q13 スマホ、タブレットが普及する現代において、改めて「読書バリアフリー」をどう考えるといいでしょうか。

おわりに —————— 150

第1章

学校における「読書バリアフリー」とは

急がれる、読みたくても読めない 「本の飢餓」の解消

　誰もが読書ができる環境を整備する「読書バリアフリー」を推進するために、2019年6月に「読書バリアフリー法」（正式には「視覚障害者等の読書環境の整備の推進に関する法律」）が制定されました。この法律は、学校図書館だけでなく地域の公立図書館などすべての図書館における「読書バリアフリー」の推進はもちろんのこと、出版社における取り組みの推進をも後押しするものです。

　2023年7月に『ハンチバック』（文藝春秋）で市川沙央さんが第169回芥川龍之介賞を受賞されたことが、社会で広く「読書バリアフリー」や「読書バリアフリー法」への関心を高める契機になったといってもいいでしょう。『ハンチバック』では、「目が見えること、本が持てること、ページがめくれること、読書姿勢が保てること、書店へ自由に買いに行けること」といった健常性が強いられる現在の読書環境の問題点を鋭く描きだしています。はたして、日本の学校図書館は、こうした健常性を強いる環境となっていないでしょうか。

　「読書バリアフリー」の推進を求める声は、世界各国で高まっています。現在でも、視覚障害やディスレクシアなどがあって通常の活字のままだと本が読みづらいPD（Print Disability：プリントディスアビリティ）の人が、自らの読書スタイル（点字での読書、音声での読書、拡大文字での読書など）にあった本（これを「バリアフリー図書」や「アクセシブルな書籍」などという）を入手できる割合は非常に低い状態にあります。その割合は、先進諸国で7%、開発途上国では1%未満とされています。つまり、本を読みたくても読めない状態にある人々がいるのです。この状態を、世界盲人連合などは「本の飢餓」（ないし「読書の飢餓」）と呼んでいます。

　本書の「はじめに」で述べた「読書が嫌い」「読書は苦手」という子どもたちのなかには、自らにフィットした読書スタイルに気づく機会が

なかったり、「バリアフリー図書」が整備されていないために読みたくても読めない状態、つまり「本の飢餓」の状態にあったりする子どもたちが多分に含まれていると考えられます。「本の飢餓」の解消は、日本においても喫緊の課題なのです。「読書バリアフリー法」は、そのための法制度の１つといえます。

なお、「読書バリアフリー法」や「著作権法」においては、PDの人のことを「視覚による表現の認識が困難な者」(略して「視覚障害者等」)と表記しています(表1)。以降、本書では「視覚障害者等」をこの意味で用います。

表1　「視覚障害者等」に該当する状態の例示

視覚障害	発達障害
聴覚障害	学習障害
肢体障害	いわゆる「寝たきり」の状態
精神障害	一過性の障害
知的障害	入院患者
内部障害	その他図書館が認めた障害

出典：日本図書館協会など「図書館の障害者サービスにおける著作権法第37条第3項に基づく著作物の複製等に関するガイドライン」

知って・生かそう
「読書バリアフリー法」

「読書バリアフリー法」は、「障害の有無にかかわらず全ての国民が等しく読書を通じて文字・活字文化の恵沢を享受することができる社会の実現に寄与すること」を目的としています(第1条)。そして、基本理念を３つ掲げています(第3条)。要約すると、次の３点となります。

❶ 音声読み上げなどが可能なアクセシブルな電子書籍は「視覚障害者等」の読書の利便性向上に著しく資する特性があるので普及が図られること。同時に、従来からある「バリアフリー図書」が引き続き提供されること。

❷ アクセシブルな電子書籍を含む「バリアフリー図書」の量的拡充と質の向上が図られること。

❸ 「視覚障害者等」の障害の種類及び程度に応じた配慮がなされること。

第1章　学校における「読書バリアフリー」とは

これらの基本理念をふまえて、「視覚障害者等による図書館の利用に係る体制の整備等」「インターネットを利用したサービスの提供体制の強化」など、9つの基本的施策が示されています（第9条〜第17条）。このほか、政府に財政上の措置などを講じるよう求める（第6条）とともに、読書バリアフリーの推進基本計画策定を義務づけています（第7条）。地方公共団体に対しても推進計画策定を努力義務としています（第8条）。

国の推進基本計画は、2020年7月に策定済です。計画のなかでは、「学校における学校図書館を活用した支援を充実するため、設置者である各教育委員会等に対し、司書教諭・学校司書の配置の重要性について周知するとともに、司書教諭をはじめ学級担任や通級の担当者、特別支援教育コーディネーター等の教員間の連携の重要性について周知するなどして支援体制の整備を図る」や「点字図書館及び公立図書館と学校図書館の連携を図り、視覚障害等のある児童生徒を支援するための取組を進める」などが盛り込まれています。なお、現行の計画は2024年度までとなっていて、2025年度からは第二次計画がスタートする予定です。

また、地方公共団体の推進計画策定も、徐々に進みつつあります。策定されているかどうかは、各教育委員会のウェブサイトで確認できます。策定済の場合は、記載内容を各学校での「読書バリアフリー」推進に生かしていくことが大切です。

学校における「読書バリアフリー」の推進にあたっては、「読書バリアフリー法」に加えて、次のような法律や計画などにも留意する必要があります。

◆「学校図書館ガイドライン」が2016年11月に文部科学省初等中等教育局長より通知され、次のような記述が盛り込まれている。「発達障害を含む障害のある児童生徒や日本語能力に応じた支援を必要とする児童生徒の自立や社会参画に向けた主体的な取組を支援する観点から、児童生徒一人一人の教育的ニーズに応じた

様々な形態の図書館資料を充実するよう努めることが望ましい。例えば、点字図書、音声図書、拡大文字図書、LLブック、マルチメディアデイジー図書、外国語による図書、読書補助具、拡大読書器、電子図書等の整備も有効である。」

◆「第五次子どもの読書活動の推進に関する基本的な計画」が2023年3月に閣議決定され、基本的方針の1つに「多様な子どもたちの読書機会の確保」が位置づけられた。

　具体的には、「特別支援学校や小・中学校の特別支援学級に在籍する児童生徒、小・中・高等学校の通常の学級に在籍しながら通級による指導を受けている児童生徒は増加している。また、日本語指導を必要とする児童生徒も増加している。さらに、特定分野に特異な才能のある児童生徒の存在も指摘されている。相対的貧困状態にあるとされる子どもも一定程度存在している。本来大人が担うと想定されている家事や家族の世話を日常的に行っている子どもたちの存在も明らかになっている。読書活動の推進に当たっても、多様な子どもたちを受容し、それに対応した取組を行うことが重要である。」としている。

◆「障害者差別解消法」(正式には「障害を理由とする差別の解消の推進に関する法律」)の改正法が2024年4月に施行となり、国公私立のすべての学校において障害のある児童生徒への「合理的な配慮」の提供が義務づけられた。また、「合理的な配慮」の的確な提供のための環境整備に努めるよう求めている。

　「読書バリアフリー法」では「視覚障害者等」に対象を限定していますが、「学校図書館ガイドライン」や「第五次子どもの読書活動の推進に関する基本的な計画」では、日本語指導が必要な外国にルーツのある

子どもなど、多様な子どもたちのニーズに応えられる読書環境づくりの視点が示されています。

高まる「読書バリアフリー」へのニーズ

「読書バリアフリー」は、すべての子どもたちの読書環境づくりの基本といえますが、そのニーズが特に顕在化するのは「読書バリアフリー法」が対象とする「視覚障害者等」に該当する子どもたちです。学校において、「視覚障害者等」に該当する子どもたちは、特別支援教育を受けている子どもたち、特別な教育的支援のニーズのある子どもたちと重なる部分が大きいといえます。

義務教育段階で特別支援教育を受ける子どもは、2013年度から2023年度までの10年で2倍に増加しています（文部科学省初等中等教育局特別支援教育課「特別支援教育の充実について」）。特別支援学校で学ぶ子どもも増加傾向ですが、それ以上に増加の割合が高いのは小学校・中学校の特別支援学級で学ぶ子どもや通級による指導を受ける子どもです。また、通常のクラスで学ぶ子どもたちのなかにも、「学習面又は行動面で著しい困難を示す」子どもが少なくないことがわかっています（表2）。

表2　通常のクラスで学ぶ特別な教育的支援を必要とする子どもの現状

小学校・中学校		推定値（95%信頼区間）
	学習面又は行動面で著しい困難を示す	8.8%（8.4%〜9.3%）
	学習面で著しい困難を示す	6.5%（6.1%〜6.9%）
	行動面で著しい困難を示す	4.7%（4.4%〜5.0%）
	学習面と行動面ともに著しい困難を示す	2.3%（2.1%〜2.6%）

高等学校		推定値（95%信頼区間）
	学習面又は行動面で著しい困難を示す	2.2%（1.7%〜2.8%）
	学習面で著しい困難を示す	1.3%（0.9%〜1.7%）
	行動面で著しい困難を示す	1.4%（1.0%〜1.9%）
	学習面と行動面ともに著しい困難を示す	0.5%（0.3%〜0.7%）

出典：文部科学省「通常の学級に在籍する特別な教育的支援を必要とする児童生徒に関する調査結果（令和4年）」

"「読書バリアフリー」＝特別支援学校が取り組むべきこと"というイメージをもっていた人がいるかもしれませんが、決してそうではありません。すべての学校の学校図書館や教室において「読書バリアフリー」に取り組むことが欠かせないのです。そして、「読書バリアフリー」の取り組みは、日本語指導が必要な外国にルーツのある子どもたちなど、すべての子どもたちの読書ニーズに応えることにもつながるのです。

では、「読書バリアフリー」として、どのような取り組みを進めていけばいいのでしょうか。本章では、３点に整理して説明したいと思います。１点目に、読書補助具や読書支援機器の整備です。２点目には、「バリアフリー図書」の整備です。そして、３点目には、対面朗読（代読）などの図書館活動・サービスの提供です。次節以降で、それぞれを詳しくみていきましょう。

読みたいに応える環境づくり①
読書補助具・支援機器の整備

読書補助具は、読書を補助するさまざまな道具の総称です。比較的ハンディーなものが中心です。一方で、読書支援機器は、読書を支援するさまざまな機器類で、電源を入れることで起動するものが中心です。

主な読書補助具としては、次のようなものがあります。

◆ 拡大鏡（ルーペ）

拡大して読みたいニーズに応える道具。紙面をより広範に拡大したり、白黒反転（背景を黒にして文字を白抜き表示にする）したりして読みたい場合は、拡大読書器のほうが適している。

◆ リーディングトラッカー（リーディングスリット、タイポスコープ）

（図1）：特定の行に焦点を当てながら読み進めるのに便利な道具。ディスレクシアの人、集中して読みたい人などに適している。既製品があるが、学校では学校司書や子どもたちが図書委員会の活動の一環で手

作りしているケースもある。学校図書館のなかには、手作りケースにバーコードラベルを貼って貸出しているところもある（図2）。

図1　リーディングトラッカーの例

図2　リーディングトラッカーの手作り貸出ケースの例

◆ **リーディングルーペ**

（図3）：リーディングトラッカーに拡大機能が付いた道具。

図3　リーディングルーペの例

◆ **書見台**

（図4）：ロービジョン（弱視）の子どもなどが無理な姿勢をとらなくても読めるように角度や高さが調整できる台。拡大鏡などを当てながら読書したいときにも便利である。学校によっては、技術科の教員や用務員が手作りしているケースもある。

図4　書見台の例
（出典：埼玉福祉会のウェブサイト）

　これらの読書補助具は学校図書館のカウンターなどに常備して、いつでも誰でも自由に利用できるようしておきましょう。加えて、カウンターには、筆談器やコミュニケーションボードなど、意思疎通を助ける道具も用意しておくといいでしょう。
　続いて、主な読書支援機器としては、次のようなものがあります。

◆ 拡大読書器

（図5）：本の紙面を拡大したり、白黒反転したりして、読みやすくする機器。図6のような卓上への据え置き型のほか、携帯できるタイプの拡大読書器もある。視覚障害だけでなくディスレクシアの子どもなどにもニーズはある。しかし、視覚障害の子どもが学ぶ特別支援学校や弱視学級のある小学校・中学校を除くと、学校での整備はまだこれからである。

図5　拡大読書器（据え置き型）の例
（出典：めがねの光学堂のウェブサイト）

◆ 音声読書器

（図6）：本の紙面をスキャンして合成音声で読み上げる機器。拡大読書器の機能を併せもった機器もある。拡大読書器と同じく、視覚障害だけでなくディスレクシアの子どもなどにもニーズはあるものの、整備している学校はまだ少ない。

図6　音声読書器の例
（出典：株式会社アメディアのウェブサイト）

　このほか、子どもの読書ニーズにあわせて、次節で紹介するDAISY図書の再生機を用意したり、コンピュータ端末にスクリーンリーダー（音声読み上げソフト）を入れたり、本のページをめくるのをアシストする機器を用意したりといった対応も必要になります。読書支援機器の情報は、文部科学省の委託で筑波技術大学が運営する「読書バリアフリーコンソーシアムテクノロジーハブ」のウェブサイト（https://www.i.tsukuba-tech.ac.jp/techhub/）にまとまっていますので、参考にしてください。

　読書補助具も読書支援機器も、既製品を購入する場合は予算の確保が必要となります。一気に整備することはできませんので、子どもたちの読書ニーズをふまえて計画的・継続的に整備に取り組むことが大切です。

読みたいに応える環境づくり②
「バリアフリー図書」の整備

「バリアフリー図書」には、出版社によって出版されたものと、学校図書館などがボランティアの協力を得て複製（音声化、文字の拡大化など）したものの２種類に大別できます。

前者は、市販されていますので、学校図書館では選書・購入して整備することができます。誰でも利用することが可能です。一方、後者は、「視覚障害者等」だけが利用できます。「著作権法」第37条第３項の規定に基づき、学校図書館や公立図書館、点字図書館などであれば、原本の著作権者に許諾を得なくても、「視覚障害者等」のために音声化などの複製ができることになっています（点字への複製については同条第１項に規定）。複製に関しては、図書館関係５団体が権利者との協議のもとに「図書館の障害者サービスにおける著作権法第37条第３項に基づく著作物の複製等に関するガイドライン」（2019年11月一部改定）を作成、公表しています。

なお、「視覚障害者等」という特定の人に利用対象が限られていることから、後者のことを「読書バリアフリー法」では「特定書籍・特定電子書籍」と呼称しています。

前者すなわち誰もが利用できる市販の「バリアフリー図書」の主なものは、次の通りです。

- ◆ 点字図書（市販）
- ◆ 点字つきさわる絵本
- ◆ オーディオブック
- ◆ 大活字図書
- ◆ LLブック
- ◆ 手話絵本
- ◆ 布の絵本（市販／オリジナル作品）
- ◆ アクセシブルな電子書籍

このうち、LLブックの「LL」とは、スウェーデン語の「LättLäst」（英語ではeasy to read）の略で、主に知的障害のある人などのために、年齢相応のテーマをやさしい日本語表現を用いて読みやすく書いた本のことで

す。文章の意味理解を助けるために、ピクトグラム（絵記号）を添えた作品もあります（図7）。

図7　ＬＬブックの例（出典：『季刊コトノネ』編集部著／大垣勲男・野口武悟監修『魚屋の仕事：光司さんの1日（仕事に行ってきます⑧）』埼玉福祉会出版部、2020年）

　最近、市販の「バリアフリー図書」を集めた棚やコーナーを作る動きが学校図書館や地域の公立図書館で広がりつつあります。ヨーロッパでの取り組みに倣って「りんごの棚」と呼ぶことが多いようです（図8）。「バリアフリー図書」を多くの子どもたちに知ってもらい、使ってもらうための取り組みです。所蔵数が限られている「バリアフリー図書」を書架に埋もれさせないための工夫でもあります。「りんごの棚」の取り組みについては「りんごプロジェクト」（主催：NPO法人ピープルデザイン研究所）のウェブサイト（https://peraichi.com/landing_pages/view/ringoprogectbook）が参考になります。

　「バリアフリー図書」を所蔵していない学校でも、地域の公立図書館や点字図書館から一時的に借り受けて展示するケースもあります。公益財団法人文字・活字文化推進機構では、2023年12月から希望する学校図書館などに一定期間「バリアフリー図書」のセット（「読書バリアフ

図8　「りんごの棚」の例
（出典：埼玉県立久喜図書館）

21

リー体験セット」)を無償で貸し出す「バリアフリー図書普及プロジェクト」を行っています。このセットを活用して展示している学校もあります。

次に、後者すなわち「特定書籍・特定電子書籍」の主なものは、次の通りです。

- ◆ 点字図書
- ◆ 点訳絵本
- ◆ 音声DAISY図書
- ◆ マルチメディアDAISY図書
- ◆ テキストDAISY図書
- ◆ テキストデータ
- ◆ 拡大写本
- ◆ 布の絵本

このうち、DAISY(Digital Accessible Information SYstemの略：デイジー)は、最もアクセシブルな電子書籍の国際標準規格です。音声だけを収録した「音声DAISY図書」が視覚障害の特別支援学校では普及しています。また、音声だけでなく文字や画像も同時に再生できる「マルチメディアDAISY図書」(図9)も、ディスレクシアや知的障害の子どもの読書に有効であることから、普及が進みつつあります。

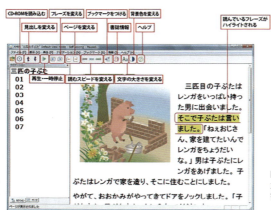

図9　マルチメディアDAISY図書の主な機能(出典：公益財団法人日本障害者リハビリテーション協会パンフレット『DAISYって何だろう？』)

DAISY図書などの「特定電子書籍」については、全国で共有・活用できる仕組みが作られています。1つは、日本点字図書館がシステムを管理し、点字図書館の全国組織である全国視覚障害者情報提供協会が運

営する「サピエ図書館」です（コラム3参照）。もう1つは、国立国会図書館による「視覚障害者等用データ送信サービス」です。このサービスを含む「バリアフリー図書」の検索窓口として2024年1月に「みなサーチ」が開設されました（コラム2参照）。

　学校図書館で「特定電子書籍」を一から複製することは容易ではありません。だからこそ、既存の「特定電子書籍」をインターネット経由で入手できる「サピエ図書館」や「みなサーチ」の活用は学校における「読書バリアフリー」の推進にとって大きなメリットがあるといえます。

　子どもたちの手元には1人1台端末がすでに整備されているわけですから、これらの仕組みを活用しないのはもったいないことです。ぜひ活用を検討してください。

　本節の最後に、学校図書館における「バリアフリー図書」の整備状況を確認しておきましょう。文部科学省が2020年度に実施した「学校図書館の現状に関する調査」の結果によると、表3の通りです。全体として、整備は緒についたばかりの段階にあることがうかがえます。これからの取り組みが重要といえます。

表3　学校図書館における主な「バリアフリー図書」の整備状況

	点字図書	大活字図書	録音図書 （音声DAISY図書を含む）	マルチメディアDAISY図書	LLブック	電子書籍
小学校	42.5%	15.5%	5.2%	1.3%	6.2%	0.2%
中学校	19.6%	16.5%	5.7%	1.0%	4.0%	0.3%
高等学校	12.3%	8.7%	10.9%	0.6%	2.2%	1.4%
特別支援 学校 （小学部）	20.7%	22.3%	17.9%	25.8%	10.8%	2.8%

出典：文部科学省「令和2年度学校図書館の現状に関する調査」

読みたいに応える環境づくり③
図書館活動・サービスの提供

学校図書館は、すべての子どもたち、そして教職員に開かれた場です（学校によっては、保護者や地域の人たちにも）。自宅でもないクラスでもない「サードプレイス」として、子どもたちと教職員に安らぎを提供します。ぬいぐるみやボードゲームなどを用意したり、昼休みや放課後にはアロマやBGMを流したりして、より入りやすい、親しみやすい雰囲気づくりを意識している学校図書館もあります。クラスになじめない子どもの「居場所」になったり、パニックになっている子どもの「クールダウン」の場になったりもします。学校にとって、学校図書館という場のもつ意味はとても大きいのです。そのうえで、「読書バリアフリー」の推進に向けた新たな学校図書館の活動やサービスの検討も必要です。

例えば、「対面朗読サービス」（学校では「代読」と呼ぶことも多い）です。利用する子どもと音訳者が1対1になって、本を読み上げてもらうサービスです。多数の子どもに行う「読み聞かせ」とは異なります。音訳者は、学校司書や特別支援教育支援員など学校の職員が務めることもできますが、すでに実施している学校では音訳の基礎を修得して経験も豊富な地域の音訳ボランティアに依頼して実施していることが多いようです。

特別支援学級の子どもたちに対しては、「合理的な配慮」として、貸出しの期間を少し長めにしたり、借りられる冊数を少し多めにしているケースもあります。こうした取り組みは、地域の公立図書館でも「視覚障害者等」のある利用者からの申し出に応じて行っているところがあります。読み聞かせやおはなしなどの活動においても、子どもたちの多様なニーズへの配慮が必要です。長年、鳥取大学附属特別支援学校などで司書教諭を務めた児島陽子さんは、「五感に訴える」ことがポイントだといいます。視覚や聴覚に頼るだけでなく、香り（嗅覚）、手遊び（触覚）

なども織り交ぜた活動となるように意識するということです。子どもの
ニーズによっては、ボランティアの協力のもと、手話を添えたり、多言
語で行ったりすることも必要です。なお、東京都立多摩図書館がまとめ
た『特別支援学校での読み聞かせ：都立多摩図書館の実践から（増訂版）』
（2024年3月）は、実践の参考になります。

　学校図書館は来てもらうことだけを考えるのではなく、自らの活動を
校内全体や校外に広げるアウトリーチの取り組みも重要です。学校司書
や保護者ボランティアなどがブックトラックやブックカートに本を入れ
て特別支援学級まで出向いて本の貸出や読み聞かせなどを行う「出前図
書館」や「移動図書館」と呼ばれる実践をしている学校もあります。病
院併設の特別支援学校や院内学級の場合は、入院している子どものベッ
ドサイドまで本を届ける活動をしているケースもあります。

　もちろん、入院していなくても、体調等によって登校が難しい子ども
もいます。1人1台端末を活用してインターネット経由で自宅で電子書
籍の閲覧・貸出をできるようにしている学校もあります。文部科学省は、
2022年8月に発出した事務連絡「1人1台端末環境下における学校図
書館の積極的な活用及び公立図書館の電子書籍貸出サービスとの連携に
ついて」のなかで、「各学校における学習活動のほか、長期休業期間中
の児童生徒や、感染症や災害の発生等の非常時にやむを得ず学校に登校
できない児童生徒の自宅等での学習においても効果的であると考えてい
ます」と述べて、公立図書館とも連携して電子書籍を利用できる環境の
整備を勧めています。

体制づくりと連携

　「読書バリアフリー」は、学校図書館の担当者（司書教諭、学校司書など）や、
特別支援学級・通級指導の担当教員、特別支援教育コーディネーターな
どが協力して推進していくことが肝要です（詳しくは第2章の各事例を参

照)。しかし、そのような校内体制を整えている学校は多くはないでしょう。校長は学校図書館の館長としての役割を担うことが文部科学省の「学校図書館ガイドライン」には明示されています。学校において「読書バリアフリー」を推進するには校長のリーダーシップが重要です。校内体制の見直しや強化に向けて、まずは学校図書館の館長でもある校長に相談してみましょう。また、どの学校でも図書予算は潤沢にあるわけではありませんし、人員にも限りがあります。したがって、「読書バリアフリー」の推進には地域との連携も欠かせません。

　地域の公立図書館や点字図書館との連携を図り、必要な「バリアフリー図書」を必要とするときに借りられる関係を構築しておくといいでしょう。近年、公立図書館では学校図書館支援に力を入れているところが増えています。探究学習などで必要な本を公立図書館から配送してもらった経験のある人もいるでしょう。そうした仕組みが確立している場合には、そこに「バリアフリー図書」も載せてもらえるように要望してみるのも一案です。音訳などのボランティア人材が必要な場合も、公立図書館や地域の社会福祉協議会に相談してみるといいでしょう。コミュニティスクール（学校運営協議会を設置する学校）では、そこに参画する保護者や地域住民とのつながりでボランティア人材の確保につながるケースもあります。PTAや同窓会との連携も大切です。現行の「学習指導要領」では、「社会に開かれた教育課程」を掲げており、学校と地域のかかわりを重視しています。これをチャンスと捉え、「読書バリアフリー」の推進に生かしていきましょう。

　第2章では、学校における「読書バリアフリー」の取り組み事例をみていきましょう。

【参考文献】
野口武悟・児島陽子・入川加代子『多様なニーズによりそう学校図書館：特別支援学校の合理的配慮を例に』少年写真新聞社、2019年
野口武悟『読書バリアフリーの世界：大活字本と電子書籍の普及と活用』三和書籍、2023年

column 1

見る、聞く、さわる……。
読書のカタチを選べる「バリアフリー図書」

坂本康久（オーテピア高知声と点字の図書館前館長、現副主幹）

オーテピアは、こんな図書館です！

　2018年7月に高知市の中心部にオープンした図書館等複合施設「オーテピア」。オーテピアには、オーテピア高知図書館（以下「高知図書館」）、オーテピア高知声と点字の図書館（以下「声と点字の図書館」）、高知みらい科学館の3つの施設が併設されています。
　オーテピアの図書館機能面では、声と点字の図書館、高知図書館（高知県立図書館、高知市民図書館本館の共同運営）併設のメリットを活かして、両館が連携、協力し、そして相互に補完することで、障害のある人もない人も、誰もが利用できる図書館を目指しています。

オーテピアの読書バリアフリーサービス

　「情報へのアクセスの欠如は、プリントディスアビリティのある人々

が、社会のあらゆる側面に完全かつ効果的に参加することを阻む最大の障壁である。」「図書館情報提供者に対し、その中核となるサービスの一部として、プリントディスアビリティのある個人利用者が、情報に関する特別なニーズを満たすリソースにアクセスし、これを使用することを支援するサービス、蔵書、機器および設備を整備することを勧告する。」

（「IFLA プリントディスアビリティのある人々のための図書館宣言」[*1]より抜粋）

　オーテピアの開館準備を進めていた当時は、読書バリアフリー法制定前で、「読書バリアフリー」は、図書館サービスの中でも「できればやった方がよい」というオプション的なサービスという認識だったように思います。上の宣言を読んで、「読書バリアフリー」は、障害のある人の社会参加など共生社会（ソーシャルインクルージョン）実現のための重要な社会基盤となるものであり、高知県のすべてのプリントディスアビリティのある人の読書や情報環境の充実のために、オーテピアの中核的なサービスの1つとして取り組む必要があると考えました。

　オーテピアでは、声と点字の図書館、高知図書館併設のメリットを最大限活かせられるように役割分担や連携を考えました。声と点字の図書館は、点字図書や著作権法第37条第3項により製作されている録音図書、マルチメディアDAISY図書など、高知図書館は大活字本、LLブック、布の絵本などのバリアフリー図書を担当することとし、それぞれが担当図書やサービスを充実させるとともに、両館が連携、協力して読書バリアフリーサービスを進めていくこととしました。

施設の工夫。
「誰もが目に付く場所にバリアフリー図書を」

　読書バリアフリーサービスを進めていくうえで、特に重要だと思った

---

*1　出典：障害保健福祉研究情報システムのウェブサイト
(https://www.dinf.ne.jp/doc/japanese/access/ifla/ifla_lpd_manifesto.html)

ことは、バリアフリー図書やサービスの存在を知ってもらうことです。

　声と点字の図書館では、障害のある人がわかりやすく、アクセスしやすいように1階のエントランス正面にバリアフリー図書を設置しています。まずは当事者や関係者にバリアフリー図書や各種機器を知ってもらう、体験してもらうことが必要ということで、各種バリアフリー図書や読書機器、視覚障害者向け福祉機器を展示し、そして気軽に体験できるショールーム的なスペースにしました。また、多くの方に知ってもらいたいということで、誰もが気軽に入れるように壁や間仕切りのないオープンなスペースにしています。

　高知図書館でも、多くの利用者が通るメインルートに沿って、バリアフリー図書や機器をまとめてわかりやすい場所に置いています。高知図書館では体を動かしにくい方のための機器を中心とするなど、オーテピア全体でさまざまな障害のある人に対応できるよう工夫しています。

読書のカタチはいろいろ。
だけど読書の楽しさは一緒。

　読書バリアフリー法が制定されて、啓発パンフレットや関連書籍を読むと、「読書のカタチ」という言葉をよく目にします。私自身、一番心に刺さった言葉です。見る、聞く、さわる……、読書のカタチが多様であることを認め、理解し、そしてその人にあった読書のカタチを提供することが読書バリアフリー推進の基本になるのだと思います。

声と点字の図書館のエントランス正面

高知図書館のバリアフリー資料コーナー

さまざまなバリアフリー図書① | **録音図書（音声DAISY図書）**
「聞く」読書への理解を進めたい！

　録音図書は、声と点字の図書館で最も利用されている図書です。成人（特に高齢の人）の利用者が多いですが、視覚障害者だけでなく肢体不自由や寝たきりなどで本を手に持つことが難しい人や、学習障害や知的障害で文字を読むことが難しい人などさまざまな障害のある人に利用されています。

　「目で読むのと変わらない」「読書量が増えた」「聞く方がよりイメージが鮮明になる」など聞く読書に肯定的な方がほとんどです。利用が多い一番の理由は、「サピエ図書館」(コラム3参照)のおかげで、本屋大賞や有名作家など人気の本はもちろんさまざまなジャンルにわたりラインナップが豊富であること。児童書やティーンズ図書も、名作やベストセラーなどかなり充実しています。読書感想文課題図書も毎年製作されています。とはいうものの、児童の録音図書利用はなかなか進みません。保護者や先生方には、録音図書を一度聞いて（読んで）いただいて、「聞く」読書への理解をお願いしたいと考えています。

　サービス面では、前述の「プリントディスアビリティのある人々のための図書館宣言」にもあるように、図書を読むための支援や環境整備が重要ということで、録音図書再生機も多数購入し、無料で貸出していま

各種機器の利用紹介コーナー

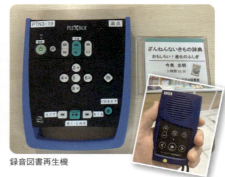
録音図書再生機

column 1　見る、聞く、さわる……。読書のカタチを選べる「バリアフリー図書」

す。また、パソコンやスマホ、タブレットなどを持っている人には所有の機器で録音図書を利用できるように、サピエ図書館の個人会員登録や再生アプリの紹介、使い方指導を実施しています。

さまざまなバリアフリー図書② 点字図書、点字付きさわる絵本
「さわる」ことは「見る」こと

　視覚障害者にとって「さわる」ということは「見る」ということと同じだと思います。点字図書もサピエ図書館には録音図書以上にさまざまな図書があります。児童書もたくさんあります。

　「点字付きさわる絵本」も人気があります。手で見る学習絵本『テルミ』[*2]や、さわる迷路やさわって数える絵本、さかなの形だけでなくうろこの触感もわかる絵本などは「面白い」と好評です。絵本というよりも教材といった方がよいかもしれませんが、触地図や、四角柱、円錐などの立体形、各国の国旗がさわってわかる資料もあります。点字だけでなく形もわかることでよりわかりやすくなります。さまざまな触感も工夫されているとより面白くなるようです。今は数が少ないですが、こうした本がもっと多く製作されるようになれば……といつも思ってしまいます。

点字図書

点字付きさわる絵本など

[*2] 　一般社団法人日本児童教育振興財団が年6回（偶数月）発行する手で触って楽しむ学習絵本。迷路や生き物、電車など子どもたちの関心があるテーマを掲載。通信販売のみ（https://faje.or.jp/terumi/index.html）。

column 1　見る、聞く、さわる……。読書のカタチを選べる「バリアフリー図書」

さまざまなバリアフリー図書③｜マルチメディアDAISY図書
「見る」「聞く」読書で読書の楽しさを届けたい！

　学習障害や知的障害など、目は見えるけれども文字を読むことが難しい子どもたちにとって、写真やイラストなどの画像と一緒に文字をハイライトにしながら読んでくれるマルチメディアDAISY図書はとても有効だと考えています。こうした子どもたちに、いきなり録音図書はとっつきにくいだろうということで、まずはマルチメディアDAISY図書で読書の楽しさを知ってもらい、読書習慣の形成につながればと考えています。

わいわい文庫のＣＤ（白は障害のある人のみ、青はどなたでも利用可能）（出典：公益財団法人伊藤忠記念財団ウェブサイト）

　特に、伊藤忠記念財団の「わいわい文庫」*3の動物や乗り物、恐竜などの図鑑は人気があります。子どもだけでなく知的障害のある成人の方も利用してくれています。

　パソコンやタブレットをお持ちでないご家庭もあり、録音図書と同様に読める環境を提供するということで、読みたい図書をタブレットに入れて貸出しています。PCやタブレットなどをお持ちの方には、再生ア

マルチメディアDAISY閲覧コーナー

マルチメディアDAISY読書体験会

＊3　「わいわい文庫」とは、公益財団法人伊藤忠記念財団が製作した「マルチメディアDAISY図書」の愛称。全国の学校、図書館、医療機関などの団体に限り、白のCD（3枚）と青のCD（1枚）の4枚セットで寄贈している（https://www.itc-zaidan.or.jp/summary/ebook/waiwai/）。

プリやサピエ図書館の利用を紹介しています。

次に高知図書館の所蔵するバリアフリー図書を紹介します。高知図書館では大活字本、LLブック、布の絵本、さわる絵本など国内で販売されている各種バリアフリー図書を積極的に購入しています。

さまざまなバリアフリー図書④｜大活字本
紙の本をアクセシブルに（その1）

高知図書館では、販売されている大活字本をほぼ全点購入しています。特に高齢の人に大人気の図書ですが、「大きな文字の講談社青い鳥文庫」*4 などの児童書、国語辞書や英語辞書もあります。「本」の形態はそのままなので、親しみやすいバリアフリー図書だと思います。ロービジョン（弱視）の児童生徒にぜひ使ってもらいたい図書です。

さまざまなバリアフリー図書⑤｜LLブック
紙の本をアクセシブルに（その2）

写真やピクトグラム、わかりやすい言葉、文章など、文字や文章をうまく読めない人がわかるようにさまざまな工夫がされています。LLブックがあること自体、多くの人に知られていません。ページをめくると新

大きな文字で読める本（本文はゴシック体、22ポイント）

LLブック

---

*4 「大きな文字の講談社青い鳥文庫」は現在、有限会社読書工房の「めじろ―ブックス」レーベルから刊行（オンデマンド印刷のみ）。「めじろ―ブックス」には、「講談社青い鳥文庫」「小学館ジュニア文庫」「角川つばさ文庫」から選りすぐった作品がラインナップされている。

しい世界が飛び込んでくるという本の形態は、やっぱり魅力的です。ご家族や先生にぜひ知ってほしいですし、特に特別支援学校の図書館にはぜひおいてほしいと思います。

さまざまなバリアフリー図書⑥ 布の絵本、さわる絵本
「見る」＋「さわる」でより楽しめる本

　オーテピアでは、声と点字の図書館と高知図書館が所蔵するさまざまなバリアフリー図書のセットを特別支援学校(学級)や福祉施設、図書館などの施設に貸し出す「さくらバリアフリー文庫」というサービスを行っています。特別支援学校(重度心身障害児)に貸出したときに、とても人気だったのが「布の絵本」でした。その後、学校で布の絵本を購入したとのこと。とてもうれしかったことを思い出します。

　ストーリーを考えながら、ボタンやホックを止めたり、ポケットから取り出したり。くつひもを通す、結ぶ、ズボンのベルトをしめるなど、生活動作をそのまま体験できる本もあります。「障害のある子どもたちが、遊びの中で機能訓練を行うための、絵本と教具をかねそなえた本」というのもうなずけます。

　見るだけでなく、動物の毛並みなど、さわることも楽しめる「さわる絵本」は、視覚障害のある子どもだけでなく、知的障害のある子どもにも好評です。出前図書館などでも、障害のあるなしにかかわらず人気の本です。

布の絵本コーナー

内容もまさに「Skill Book」

column 1　見る、聞く、さわる……。読書のカタチを選べる「バリアフリー図書」

子どもたちの身近な場所に
バリアフリー図書を！

　オーテピアでは開館時から、学校等へ前述の「さくらバリアフリー文庫」というさまざまなバリアフリー図書のセット貸出や出前図書館などを実施してきましたが、子どもたちがいつでも気軽にバリアフリー図書を利用できる読書環境にはまだまだ程遠い状況です。子どもたちの読書バリアフリーを進めていくために、まずは、子どもたちの身近な場所にさまざまなバリアフリー図書や読書支援機器が「いつもある」「いつでも読める」環境づくりを進めていくことが必要だと思っています。

　その意味で、すべての子どもが通う「学校」は、今だけでなく未来の読書バリアフリーも支える重要な場所だと思います。学校図書館や学級文庫にさまざまなバリアフリー図書があり、いつでも読める、そんな状況が当たり前になれば、読書バリアフリーに対する社会的な関心や理解も進んでいくと思うのです。子どもたちが、自分にあった読書のカタチで、自分の読みたい図書を選んで読める、そんな読書バリアフリー社会を目指して、これからも県内の特別支援学校(学級)の先生や関係者の皆さんと協力していきたいと思っています。

■オーテピア高知声と点字の図書館
（高知県高知市追手筋2-1-1）
蔵書冊数：31,444タイトル（内：点字図書12,527タイトル、点字付きさわる絵本69タイトル、録音図書（音声DAISY）8,862タイトル、録音図書（カセットテープ9,249タイトル、マルチメディアDAISY737タイトル）
年間貸出冊数：20,468タイトル（2023年度）
職員数：17名（会計年度任用職員6名含む）
■オーテピア高知図書館
（高知県高知市追手筋2-1-1）
蔵書冊数：1,682,503冊（内：大活字本6,570冊、LLブック184冊、布の絵本・さわる絵本164冊、バリアフリー仕様DVD205枚）
年間貸出冊数：9,803冊（2023年度の大活字本、LLブック、布の絵本・さわる絵本の貸出冊数）
職員数：97名（会計年度任用職員34名含む）（内：バリアフリーサービス担当兼任7名）

第2章

事例でわかる！学校図書館の「読書バリアフリー」

学校図書館経由で国会図書館から1人1台端末へ貸し出しが可能に

井上賞子(島根県安来市立荒島小学校教諭)

無理のない読書バリアフリーの運用へ

　学校図書館は、誰もが読書を楽しみ、知りたい情報にアクセスできる、子どもたちが大好きなわくわくする場所です。近年、その重要性はどんどん高まっており、環境整備も進んできました。ただし、そのベースはあくまでも「紙の書籍」です。

　読むことに困難をもつ子どもたちが、どの学校にもどの教室にもいることがわかってきた今も、多くの学校図書館には「紙の書籍」しかない状況ではないでしょうか。そこには、紙以外の媒体での図書の提供の難しさが関わっていると感じています。

　そこで、無料で利用できて書籍の種類も豊富な、伊藤忠記念財団が作成している「わいわい文庫」(コラム1も参照)を学校図書館に導入して活用する試みを、10年以上前から前任2校で行ってきました。どちらの学校でも、対象の子どもたちにとって有効な手立てになりましたが、推進していた教員や司書が移動すると、継続することが難しくなってしまいました。当時は、再生する端末の準備や管理、対象となる子どもの実態把握やデータへのアクセスなど、随所に高いハードルがあったことが、その一因であろうと思われます。

　そうした悩ましい状況に大きな変化をもたらしてくれたのが、1人1台端末の導入と、「わいわい文庫」の国会図書館への収蔵です。この2つの条件が揃ったことで、読むことに困難をもつ子どもたちでも読書を

楽しめる、マルチメディアDAISY図書を学校図書館を経由して子ども個人の端末へ貸し出すことが可能になりました。

そこで荒島小学校では、従来の貸出システムに併用して、「わいわい文庫」を学校図書館で貸し出すシステムを構築しました。

それまでのハードルであった要件が解消されただけでなく、紙の図書と同様に貸し出しのカウントができるので、他の子と同じように評価を受ける機会がもてたり、自分の端末を使うことで、読みたいときに自分のペースで読書を楽しめるようになったりと、多くの利点があり、導入から2年半経った現在も、無理なく運用が継続できています。

また、並行して「紙の書籍」へのアクセスのサポートとしてのリーディングトラッカーの整備、「りんごの棚」（第1章も参照）や、簡潔で平易な言葉にルビとイラストがついた「DropNews」[*1]の閲覧コーナーなども設置し、どの子も楽しめる学校図書館を目指しました。

文字の幅によってスリットの幅が選べるリーディングトラッカーを準備。色や素材、透明度を変えたものを複数準備し、試せるようにした。

LLブックや手で読む絵本などが展示された「りんごの棚」

「DropNews」の情報に合わせた資料の提示

1人1台端末への貸し出しシステム
（荒島小学校バージョン）

　荒島小学校での読書バリアフリーへの取り組みの核となっている、1人1台端末への貸し出しシステムをご紹介します。

◆ 貸し出しを始める前に

❶ 国会図書館に承認申請書を送付し、学校図書館を国会図書館の視覚障害者等用データの送信承認館にしておく。
（右のQRコードから、関連情報のページにアクセスできます。なお、申請時の具体的な書類については、第3章を参照のこと。）

❷ 児童端末でデータを再生するための準備をしておく。
（荒島小はChromebookなので、「ChattyBooks Online Service」[*2]にアカウント登録をして、マルチメディアDAISY図書を再生できるアプリをインストールしておきました。）

　従来の貸出システムと1人1台端末への貸出システムを整理すると、以下のようになります。

[*1] 「ネットやテレビ、ラジオや新聞といった既存のメディアでは理解が難しい人のために、視覚的な情報を中心にした新しいニュース配信」サービス。（「ドロップレット・プロジェクト」ウェブサイトより）
[*2] 「ChattyBooks（チャティ・ブックス）」とは、マルチメディアDAISYを再生できるフリーソフトのこと。「ChattyBooks Online Service」は、現在新サービスに移行している（https://chattybookbox.sciaccess.net）。

	従来の貸出システム	1人1台端末への貸出システム
本を選ぶ	・本棚にある本から選ぶ	・書影ポスターから本を選ぶ
本を借りる	・貸し出しカウンターに本を持っていき、貸し出し手続きをする	わいわい文庫 / がよみたいです / 月 日 / 名前 ・「よみたいですカード」を記入し、貸し出しカウンターに持って行き、貸し出しを申し込む ・司書が国会図書館からデータをダウンロードし、学校のアカウントへアップする
読書	・紙の本を読む	・自分の端末から学校アカウントにアクセスし、ダウンロードして読む（注1：2024年度から変更あり）
本を返却する	・貸し出しカウンターに本を持って行き、返却手続きをする	わいわい文庫 / を、よみました / 月 日 / 名前 ・「よみましたカード」を記入し、貸し出しカウンターに提出する
登録する	・図書館のシステムに登録され、読書記録として残る	・蔵書のバーコードを使って、従来のシステムに登録する（注2）

注1：2024年3月31日までは、端末に「ChattyBooks」アプリをインストールしておき、そこにデータをダウンロードして読んでいましたが、4月1日からは、ブラウザだけで視聴できる「ChattybookBox」という新サービスに移行しました。一度オンラインでサイトにアクセスして、図書を自分の本箱（ChattybookBox）に入れると、次回からはオフラインでも再生できるようになります。
注2：「わいわい文庫用のバーコード作成」を現在検討中です。

> 実践の詳細

知りたいことはたくさんあるのに、情報にアクセスできないでいたAさんの場合

【導入前のAさんの状況】

- 知的障害特別支援学級在籍　2年生
- 発語は少なく、独特の抑揚で話す
- こだわりが強く、折り合うことが難しい
- 恐竜や魚の図鑑が好きで、名前を覚えているものも大人に「これは？」と読んでもらいたがる
- 文字の読み書きの学習には拒否的
- なぞりがきはするが音につながっていない
- 大声を発したり机などを押して動かしたりすることで不満を表す

→情報を受け取ることにも発信することにも苦手さがあり、そのいらいらが不適応行動につながっているように思われました。

◆1人1台端末への貸出が始まると……

　荒島小学校の支援級では、以前から「わいわい文庫」を取り入れていましたが、CD表面のタイトルを見て、大人が本を選択し、古いノートパソコンを複数人で共有して視聴するといったシステムだったため、「自分が読みたい本」を「自分のペースで読む」ことはできない状況だったようです。1人1台端末への貸し出しは、それを変えてくれました。Aさんも書影ポスターから読みたい本を自分で選べることがうれしかったようで、ポスターをめくりながら、本を探していました。

　最初の頃は、「この本知ってる」

書影ポスターから自分が読みたい本を選ぶ子ども

「読んでもらったことがある」というものを選んでいましたが、次第にタイトルや書影を見て、興味をもったものを選ぶようになっていきました。

　そして、ほどなく、毎日何冊も読むようになり、それは数ヶ月続きます。休憩時間に自分から端末を開けて読み始める姿からは、「楽しくて仕方がない」「もっと読みたい」というＡさんの思いが溢れていました。

　下の図は、2021年度4月から、2022年度5月までのＡさんの貸出冊数の推移です。端末への貸し出しは、12月半ばからスタートしています。ほとんど本を借りることのなかった状況が、自分の端末への貸し出しが始まったことで、大きく変わったことが一目でわかります。

　当初は、再生時間の短い絵本の方が読みやすいかなと考えて、「次はこの本どう？」と勧めていましたが、Ａさんは20分以上かかるものでも、自分が選んだ本であれば集中を継続して視聴することが

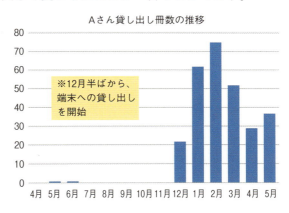

できました。そして、気に入ったお話は、何度も繰り返して読み、内容はもちろん、セリフまで覚えてしまい、再生される音声に合わせて情感たっぷりに暗唱しながら楽しむ姿も見られました。

　2021年度の12月以降のＡさんの姿は、それまでの読書にアクセスできずにいた渇きを、必死で満たそうとしているかのようにも見えました。自分の端末での読書が日常になる中で落ち着いてきましたが、その後も2年以上、月に20冊以上を継続して読んでいます。内容も、童話や昔話から理科的な読み物まで、ジャンルも広がっています。

　読書がＡさんの日常になっていくにつれ、音の情報と文字の情報がつ

ながっていき、スムーズに読める文字がどんどん増えていきました。それまで興味を示さなかった、看板やポスターなどの文字にも目をとめるようになり、読める文字を拾って読もうとしたり、知らない言葉については、「これは何?」と聞いたりすることも増えました。また、ストーリーを楽しむ体験の繰り返しは、短い文章であれば1人で読んで内容を理解する姿にもつながっています。

　そして、文字への関心の高まりは、書いて伝える姿にも広がっていきました。それまでは文字の習得が進んでも、好きな恐竜や魚の名前を書くぐらいで、国語の学習時もなぞり書きから少しずつ短い単語を見て書くことからなかなか進まなかったのが、「思いを紙に書いて伝える」ことを自分からし始めました。

　それについては、印象的なエピソードがあるので、ご紹介します。

　ある日、大好きなお母さんがお客さんと話し込んでおられたことがあったそうです。遊んで欲しいAさんは、お母さんの腕を引っ張りますが「大事な話をしているからちょっと待っていてね」と断られてしまいます。以前であれば、諦めるか、自分の思いが叶うまでお母さんの腕を引っ張り続けていたことでしょうが、このときのAさんは、メモを書いてお母さんに渡したそうです。そこには、「だいじなはなしお(を)しないでください」と書かれていました。お母さんも驚いておられましたが、自分1人で書いて持ってきたそうです。

支援員さんと一緒に自分の端末で読み始めた頃

気に入ったお話のセリフを覚えて、再生に合わせて言っているところ

自分の気持ちを伝える手段が増えたことで、今では、「……を買ってきてください」など、お願いがあるときはよく自分からメモを書いているとのことでした。

　そうした発信だけでなく、情報の受信についても、文字を介することでスムーズに伝わることが増え、日常生活そのものも安定してきています。改めて、以前の不適応な状況は、情報を共有していく手段をもてずにいたことに、Ａさんが追い詰められていたのだと感じています。

　「言葉の力の広がり」「文字を介しての情報の共有の日常化」は、日々の学習でも目指してきたものですが、今回取り組んだ貸し出しシステムによる「豊かな読書生活」の効果も大きく支えてくれました。

　この貸し出しシステムは、承認館になっていれば、地域の図書館でも行えます。つまり、Ａさんが学校を卒業してからも読書を継続して楽しむ方法として使うことができます。多くの子どもたちが、学校図書館での体験を大人になってからも地域の図書館を活用する際に活かしているように、Ａさんについても、学校図書館での体験が未来の読書生活につながってほしいと願っています。

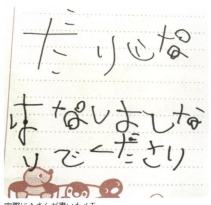
実際にＡさんが書いたメモ

1人で端末をセットして、読書を楽しむＡさん

Aさん以外の子どもたちの場合

本システムの導入時、荒島小学校の知的障害特別支援学級には4人が在籍していました。今回詳しくご紹介したのは最も影響が大きかったAさんのみですが、他の子どもたちも、導入前と導入後の読書量は大きく変化しています。

1ヶ月あたりの平均貸出冊数の変化

Cさんは、「よみたいですカード」や「よみましたカード」を持って毎日のように図書館に通い、司書さんに「今回読んだのは、この本だよ」と紙の本を紹介してもらったことをきっかけに「紙の本も読んでみる」と手に取ることが増えました。

カードを提出→登録の手続き→紙の本を紹介してもらっているところ

◆ 通常級に在籍している読むことに困難をもつ子の場合

支援級での先行実践を踏まえて、2023年度からは、通常学級に在籍する対象児童へも、端末への貸し出しシステムを導入しました。人数の多い教室内での活用を見据えて、イヤホンを使っています。

◆ 多様な選択肢を広げるために

「わいわい文庫」については、CDでの提供を受けることができるので、

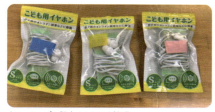
カラーテープで個人イヤホンを管理

イヤホンをつけて読書する様子

　国会図書館を経由しなくても、学校図書館と子どもの端末だけで同様の貸し出しを完結することもできます。しかし、多くの貸し出しリクエストが国会図書館に届くことが、こうしたニーズの高さを社会に知らせていくことにもつながるという意味で重要だと感じています。

　一方で、読書の楽しさの核にもなる、「選べる本」の冊数は、紙の図書に比べてまだまだ少ない現状があります。荒島小学校では、「わいわい文庫」の貸し出しの他に、「デイジー子どもゆめ文庫」[*3]や「Chatty Library（チャティ・ライブラリー）」[*4]といった、Webブラウザ上でマルチメディアDAISY図書の貸し出しを受けられるシステムも導入し、本の選択肢を広げる試みも行ってきました。

　学校図書館が、どの子にとっても豊かな読書環境になっていくために、今後も多様な選択肢の導入を進めていきたいと思います。

[*3]　小学校の国語の教科書で推薦している児童書を中心にマルチメディアDAISYにして提供している。詳しくは、「デイジー子どもゆめ文庫」のウェブサイト（https://yume.jsrpd.jp/）を参照のこと。
[*4]　DAISY図書をオンラインで提供している電子図書館。詳しくは、「Chatty Library」のウェブサイト（https://www.chattylib.com/library/）を参照のこと。

■島根県安来市立荒島小学校
　（島根県安来市荒島町2723）
　児童生徒数：161名
　蔵書冊数：7,707冊（内：絵本1,392冊、LLブック16冊、マルチメディアDAISY804点、手で読む絵本6冊、DVD19枚、紙芝居50点）
　司書教諭：2名　　学校司書：1名

事例2

学校全体で取り組む多様な子どもがいることを前提とした読書バリアフリー
～インクルーシブに向かうプロセスとして～

森村美和子（東京都狛江市立狛江第三小学校指導教諭）

読書バリアフリーのための環境づくり

　本校の図書館ではリーディングトラッカーをいつでも誰でも利用できるようにカウンターの横に常設しています。いろいろな色や種類を準備して自分に合うものを探せるように工夫しています。必要な場合は、教室への貸し出しもします。

　また、背表紙の文字だけでは、本が選びにくい子どももいます。生きものコーナーでは背表紙に関連する生き物の絵を貼って、本選びが楽にできるように工夫しました。

　読みの困りごとを相談できるように掲示物（右図）を貼り、校内の先生

カウンターの横に常設しているリーディングトラッカー。誰でも利用できる。

や保護者にも理解してもらえるようにしています。

　特別支援学級の図書コーナーでは、本に親しめるようにソファーや畳などで、安心できる空間を工夫しています。

文字だけでは内容が想像しにくい子のために、背表紙に内容に関連したシールを貼っている。

実践の詳細

読むことに苦手意識をもつ子ども
～図書が苦痛で学校に行きづらくなったAさんのこと～

◆子どもへの気づき

　「毎週木曜日になると学校に行きたがらないんです。先生どうしたらいいでしょう？」

　Aさんのお母さんから、先生になったばかりの担任B先生に連絡が来ました。「このままじゃ学校に行けなくなるのでは……」とお母さんはとても心配している様子です。すぐに学年主任と特別支援コーディネーターの先生と通級指導の先生とAさんの相談会をすることになりました。

　「休み時間も友達と仲良く過ごしています。係の仕事もがんばってるし……普段は笑顔も多いし、なぜなんでしょう？」

初任のB先生も困っています。すると近くにいた司書の先生から、「いつも図書の時間同じ絵本をずっと見ていて表情も固いし、実は少し気になっていたの」という話を聞くことができました。「そういえば、宿題の音読を嫌がるとお母さんから聞いたことがあります。もう一度お家での様子を聞いてみます。木曜の図書が嫌なのかな？」とB先生。通級の先生は、「もしかしたら、読むことへの大変さがあるかもしれません。今度の通級の個別指導の時間に、本人に話を聞いてみます。場合によっては、読みの状況のアセスメントも必要かもしれませんね」と話されました。

コーディネーターの先生からの提案で、週に一度訪問してくれるスクールカウンセラー（以下、SC）や専門家の先生に様子をみてもらうことにし、次回の校内委員会で相談することにしました。子どもの困りごとは1人で抱え込まず、チームで相談し、考えていくことが本校では大事にされています。

◆校内委員会で相談〜チームで応援団〜

校内委員会でAさんのケース会議を実施しました。Aさんのお母さんの話から、音読の宿題を嫌がり、取り組ませるのに毎日1時間以上かかっていること、泣きながら取り組むことがあることがわかりました。アセスメントやSCの先生の見立てでも、読み飛ばしが多いことや読みの流暢性の課題も見えてきました。

「こんなに苦労してたんだね……」音読の宿題や図書の時間に苦痛を感じている様子が共有できました。学校を渋ったのはそんなAさんの訴えだったのかもしれません。本人も「読むのがちょっと難しい……」「みんなみたいにはやく読めるようになりたいな」と通級の先生に伝えたそうです。

言葉にして困ったことを伝えられる相手がいることは、とても重要です。そこで、少しでも楽に過ごせたり、願いや思いを叶えたりすることができるように、Aさんの支援チームをつくり、『Aさん応援団』として一緒に方法を考えていくことを本人と保護者に伝えました。

保護者もほっとした様子です。このように、担任や保護者が1人で抱え込むのではなく、SCなど専門家も巻き込みながら校内委員会をベースに、特別支援コーディネーターや通級指導の先生と「チーム」を組んで、連携して取り組んでいくことが必要です。

◆本人の声を聞き、支援計画を〜本人も参加する支援会議〜

応援団ができたとはいえ、支援者が方法を考えて提供するだけでは不十分なため、本人の思いを聞き、支援計画に活かすことにしました。また、苦手なことだけではなく、好きなこと、やってみたいことなどにも着目するようにしました。とかく苦手なことの改善にばかり目が向き、本人も周りも苦しくなることがあります。本人の強みの部分にも着目したり、好きなことややってみたいという願いも活動に取り入れていくことが大切です。支援会議では、当事者のAさん、保護者、担任、通級の担当、コーディネーターで、①Aさんのいいところ、好きなこと、②困っていること、③対応方法、④目標、やりたいことなどを一緒に話し合いました。

「優しいところ」「いつもお手伝いをしてくれる」「歌が上手」など担任の先生やお家の人からいいところを伝えられ、Aさんは少し照れていました。困っていることでは、「国語のテストが大変」「書くスピードが追いつかない」「読むのがちょっとむずかしい」といった話が出ました。

そこで目標は、「自分に合った読みの方法を探すこと」にし、やってみたいこととしては、「プログラミングをやってみたい」「レゴや工作をもっとやりたい」と伝えてくれて、共通理解ができました。

本人を囲んで、当事者の声を聞きながら、支援方法を探していくこと、困っていることだけでなく、やってみたいことや希望も叶えていける支援計画を立てていくことが重要です。

◆多様な方法を試すなかでAさんが決める
～自己選択・自己決定のプロセス～

　通級の個別指導のなかで、自分に合う方法を試行錯誤していきました。「自分研究」(森村、2022)の方法を参考に、まずは実験してみる感覚で、多様な道具や工夫から合うものを探すために試していきます。

　さまざまな色や形のリーディングトラッカーを1つ1つ試し、自分に合うものを選んでみる。「この色見やすい」「これなんか持ちにくいな」等、うまくいくこと、いかないことを含めて、探すプロセスのなかで自己理解を深めていきます。

　Aさんは、立体で文字が大きく浮き出るようなリーディングトラッカーが「一番見やすいし使いやすい！」と、それを使うことにしました。まずは、通級で使い方を練習し、クラスに持参。初めは通級の先生が国語の時間に付き添い、手助けをしました。

Aさんが使いやすいリーディングトラッカー

　支援員の先生にも手伝ってもらいますが、なかなか「手伝って」が言いにくいことがわかりました。そんな悩みから、Aさんと通級の担当の先生で「おたすけ！ことばカード」と「ヘルプカード」を製作しました。

　助けて欲しいときに、「わからない」を机の上に出すと、支援員の先生が助けてくれます。また、今日は自分でやりたい、やってみたいという気持ちのときもあります。「できる」のカードを出したら、1人で取り組む時間と事前に約束を決めておきました。

おたすけ！ことばカード

ヘルプカード

これはＡさんだけでなく、他のクラスの友達にもいいから使いたいという担任の先生のアイディアで、クラスみんなが使える支援グッズになりました。通級の教材を通常学級でも活用できるように工夫していきました。

また、DAISY教科書を配布され

マルチメディアDAISY図書を試す子ども

ているタブレット端末に入れ、音読を「聞き読」でもOKとしてもらい、宿題に取り組んだり、音声付き教科書を試したり、国会図書館の音声付きの本を学校図書館経由でタブレット端末にダウンロードしたもの（事例1参照）を試したりなど、多様な選択肢から、試し、本人が選ぶ、活用する、振り返るというプロセスを大事にして進めてきました。

◆本人の変化
〜ダメな自分から方法を見つけ自信を取り戻すまで〜

さまざまな支援の工夫で、Ａさんが学校を嫌がることはなくなりました。宿題の教科書の音読は、DAISYの教科書が相棒です。学習全体に意欲の低下が見られていた時期もありましたが、「自分に合った方法があればできる」ことがわかると、笑顔も増えていきました。

Ａさんは、図書が嫌で泣いて学校に行けなかったとき、「できない自分が悪い、小学生失格」とつぶやき、自分を責めていたそうです。読み書きの困難さについて努力不足、個人の責任として捉えられ、傷つく子どもたちを多く見てきました。読書バリアフリーについても、理解を広げ、多様な選択肢の中から本人に合った方法を当事者と相談しながら決めていくことで、子どもたちの自己有用感を育むことができるのではないかと感じています。

校内理解促進のための研修
～多様な子どもたちがいることが前提の インクルーシブな学校づくりのために～

「学校は多様な子どもがいることが前提となっているか」。

インクルーシブな学校づくりのためには、特別支援に関わる教員だけでなく、教職員全体の理解が必要です。児童の背景の理解とともに、学校の協力や読書バリアフリーへの理解が重要となります。多様な子どもがいることを前提とした学校をつくるためにも、通常学級の先生や特別支援学級の先生、特別支援教室（通級指導教室）の先生、管理職、心理職などさまざまな立場の人たちと一緒に、校内研修を実施しました。

特別な支援が必要な子どもたちについての理解はもちろん、各クラスでできるインクルーシブな工夫について、全校の先生たちと語り合いを定期的に実施しました。

「苦手を直さなきゃとか思って苦しんでいましたが、子どもの強みやよさに着目し発想を変えたら、子どもたちも私自身も楽になりました」「特別支援の教材をクラスでも使ってみたらとてもよかったので、もっと活用したいです」「読書バリアフリーに関するICTの活用やリーディングトラッカーなど教材の工夫を知ることができたので活用していきたいです」「クールダウンの場所を教室や廊下につくってみます」は、通常学級の先生からの声です。通常学級自体を、特別支援と通常学級の連携から生ま

校内研修の様子

れた工夫や試行錯誤によってアップデートしていくことが求められています。

　もちろん、個人の努力だけではなく、業務量過多で余裕のない点など、学校の構造上の課題に関しては声をあげていくことも必要だと思います。葛藤しながらも先生たち同士が語り合う場や時間の確保は今後も重要になるのではないでしょうか。

◆多様な子どもがいることを前提とした教育のために

　「私だけじゃないんだ」。

　同じ困難さを抱えた子ども同士がかかわるなかで、子どもが発した言葉です。

　当事者と一緒に試行錯誤していくなかで、子どもの声を聞き、子どもの見ている景色からスタートすること。大人側の子どものイメージを再構築すること。環境側を整える工夫をすること。ときには、今ある構造自体を疑ってみること。子どもから学ぶことは多いです。

　学校は、人手不足の問題や不登校やいじめ等、取り組まなくてはいけない課題に追われ、教員自身が疲弊している現場も多くみられます。今後も当事者である子どもの声に耳を傾け、「多様な子どもがいることを前提としたインクルーシブな学校づくり」について考えていくなかで、子どもたちの選択肢が広がること、自己選択できることが広がることを願っています。

【参考文献】
熊谷晋一郎監修、森村美和子『特別な支援が必要な子たちの「自分研究」のススメ－子どもの「当事者研究」の実践』金子書房、2022年

- - -

■東京都狛江市立狛江第三小学校
　（東京都狛江市緒方1－11－1）
　児童数：633名
　蔵書冊数：12,681冊（内：絵本2,830冊、LLブック4冊、マルチメディアDAISY282点、手で読む絵本5冊、DVD50枚、紙芝居71点）
　司書教諭：1名　学校司書：1名

事例 3

子どものニーズに応じた読書環境づくり
～聴覚障害・病弱・視覚障害の子への実践例～

松田ひとみ（鹿児島県霧島市立国分中学校講師）

　この節では私がこれまで勤務してきた学校において図書館づくりをするうえで大切にしてきたことを踏まえながら、聴覚特別支援学校を含む3つの事例についてご紹介させていただきたいと思います。

多様な利用者ニーズがある学校図書館において大切にしていること

◆学校図書館のアクセシビリティ

　すべての利用者にとって利用しやすい図書館を目指すうえで重要になるのは、学校図書館における「基礎的環境整備（施設や設備における環境的な部分）」と「合理的配慮（図書館の組織や担当職員ができる利用者ニーズに応じた支援に関する部分）」です。「基礎的環境整備」を考えるうえで重要な柱は、①担当職員の意識の向上、②施設・設備の改善、③読書補助具やICT機器の導入、④バリアフリー図書の整備・提供だと考えます。また、「合理的配慮」においては、①利用者ニーズに応じた担当職員による個別支援、②ルールの変更や調整、③バリアフリー図書（大活字本・LLブック・布絵本・点字本・マルチメディアDAISY図書等）の活用、④読書補助具・資料等の準備が重要であると考えます。以下、すべての子どもたちが利用しやすい図書館をつくるうえでの6つのチェックポイントをまとめました。

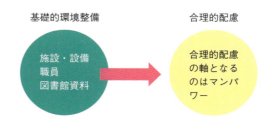

- [ ] 利用者が安心して利用できる空間づくり（RPDCAサイクルによる現状の見直し策の検討・インクルーシブ教育の推進）
- [ ] すべての子どもたちや先生方の声を聞く（多角的な視点による図書館づくりについての作戦会議・子どもたちの優位感覚等を考慮した図書館づくり）
- [ ] 図書館とすべての子どもたちをつなぐ仕掛けを考える（愛着のわく場所づくり）
- [ ] 自立につながる力をつける仕掛けづくり（ライフキャリアアップ力の向上につなぐ試み）
- [ ] 連携により足りない部分の改善を図る（公立図書館との連携及び専門家の意見をもらう機会をつくる）
- [ ] 図書館をつくるうえでの仲間を集める・仕掛けのあるさまざまなイベントの実施（「分断」ではなく「分担」することで一緒に図書館の新しい空間づくりを行う）

聴覚障害のある幼児・児童・生徒への実践例

■鹿児島県立鹿児島聾学校：2016年度（校長：福森利昭）
（鹿児島県鹿児島市下伊敷1丁目52-27）
幼稚部・小学部・中学部・高等部を設置（通級指導教室・寄宿舎）
幼児児童生徒数：26学級64名
蔵書冊数：7,564冊（2016年度）
司書教諭：1名　図書補助員：1名

◆利用者ニーズに応じた配慮

　聴覚障害のある子どもたちは多くの場合、補聴器や人工内耳などを使用しており、きこえにくさを補うための配慮が必要です。また、その他の障害を併せもつ幼児・児童・生徒もいるため、子どもたち1人1人の実態把握が非常に重要になります。

❶ 子どもたちと一緒に考える空間づくり

　子どもたちが親しめる図書館にするために、「図書館キャラクター」の絵

や名前を募集し、実際に子どもたちと図書館キャラクターをつくりました。

❶❷❸❹ 図書館のキャラクターをつくる子どもたち

❷ 環境整備（書架への配架の工夫・パーテーションの使用）

　書架への配架の工夫としては、大きなサインを用いること、書架を詰めすぎないことがあります。また、パーテーション等の仕切りを用いて、音に過敏な子どもたちへの負担を軽減しました。

❸ 給食室とのコラボレーション

　子どもたちの五感を育てると共に、優位感覚の向上を目指して、展示

を工夫しました。

1 2 3 4 『ぐりとぐら』の絵本の世界を給食室とのコラボで体感しました。

❹ マルチメディアDAISY図書

マルチメディアDAISY図書(わいわい文庫)を活用しています。下の写真は、補聴器を使用している生徒と人工内耳をつけている生徒が一緒に1つの作品を見ているところです。

マルチメディアDAISY図書(CD)の棚

また、マルチメディアDAISY図書を活用した読み聞かせ(文化祭)も行いました(次ページ写真)。

鹿児島県立鹿児島聾学校は、2015年に現在の新校舎に移転しました

59

が、その際に現在の「集団補聴システム」*1 が導入され、子どもたちの学習環境は大きく変わりました。

かつて聴覚特別支援学校でのマルチメディアDAISY図書の活用は難しい、といわれていた時代がありましたが、この集団補聴システムの導入により有効活用が可能となりました。文化祭で実施したマルチメディアDAISY図書の読み聞かせは、プロジェクターを舞台の正面と両袖に合計3台設置して実施したため、読み手も来場者も彩り豊かな絵本の世界を体感できたと好評でした。

病弱支援学級の生徒への実践例

■鹿児島県鹿児島市立坂元中学校：2018年度（校長：小橋口誠）
（鹿児島県鹿児島市玉里団地3丁目45-2）
（2018年4月に鹿児島県内の公立中学校で初めての病弱支援学級が開設）
生徒数：1年生126名、2年生139名、3年生136名、合計401名
蔵書冊数：11,951冊
司書教諭：1名　学校司書：1名

◆利用者ニーズに応じた配慮

病弱・身体虚弱の子どもたちは病気の種類がさまざまであるため、配慮事項については、本人や保護者の許可を得たうえで担当医師との連携による十分な検討が必要です。

---

*1　雑音等により、ことばが聞きとりにくい環境下でも、補聴器や耳に直接的に音声を入力する機器の総称。

❶ 生徒たちが安心して利用できる空間づくり

　病弱支援学級内に小さな図書館（マイクロライブラリー）をつくりました。

　私が担任した病弱支援学級には、肺と心臓に疾患のある生徒が在籍していました。そのため、その生徒が酸素ボンベを背負って図書館まで行く様子をみるたびに何かいい方法はないだろうか、と考えていました。その改善策として考えたのがクラス内に小さな図書館として「マイクロライブラリー」をつくることでした。

　さらに、その「小さな図書館」にインクルーシブ教育の基盤となる多

紙の書籍だけでなく「iPad」にインストールしたマルチメディアDAISY図書も活用できるため、小さいけれど新しいタイプの図書館を体験できる。
❶マイクロライブラリーオープン時に作成したチラシ❷黒板に書かれたマイクロライブラリーの案内❸天井から吊り下げられたユーカリ❹❺教室内にあるマイクロライブラリー（小さな図書館）の実際❻カゴに入った持ち出し不可の本（禁帯出本）

様な学びの場としての可能性も感じていました。そのため、小さな図書館の運営そのものも生徒たちに任せようと考えました。教師にない視点での図書館づくりこそが生徒たちの求める多様な学びの場をつくるうえで最も大切だと感じたからです。

【マイクロライブラリー開設に至る流れ】
❶ 教育課程の確認（自立活動の年間計画の確認）
　　→自立活動への位置づけ
❷ 構想の立案
❸ 管理職への相談
❹ 生徒への相談
❺ 特別教育支援部及び全職員への提案及び共通理解

　開設当初、マイクロライブラリーの蔵書冊数は150冊ほどでした。しかし、立案に共感してくださった先生方から「子どもたちに自立の力を育むために協力したい」という申し出があり、最終的にはさまざまな分野から200冊ほどの本を揃えることができました。

　私は生徒たちに、「自分たちが利用するためだけでなく、小さいけれどワクワクドキドキのつまった新しいタイプの図書館をつくろう。先生はお手伝い係で、図書館を運営するのはあなたたちね。どうかな？」という提案をしました。生徒たちは少しきょとんとしていました。

　しかし、しばらくしてから生徒の1人が「でも先生、今は本も棚も何もありません」と不思議そうに尋ねてきました。

　「そうだね。じゃあ、まず図書館に行って図書の先生に何から準備したらいいか尋ねてみよう」と伝えると、生徒たちはうれしそうに筆記用具とメモ帳を持って図書館に向かいました。

　病弱支援学級の生徒たちには、健康面においてのさまざまな制限があります。そのため私がマイクロライブラリーを開設するうえで、最も配

慮したのは、生徒たちの健康状態に関することでした。2人の生徒の健康状態を考え、私が秘策として考えたのは、天井からユーカリを吊り下げることでした。ユーカリには優れた抗菌・抗炎症作用があります。また、防虫効果もあります。清涼感のあるユーカリの香りも予想以上に生徒たちに好評で、小さな虫を苦手とする生徒たちにとっては精神的にも大きな効果がありました。

　生徒たちは開設する前も、その後も、図書館運営上のいくつもの壁にぶつかりましたが、1つ1つの小さなつまずきを解決するなかで、自ら考え、友達とお互いに話し合う姿勢が身に付きました。また、どうしても2人で解決できない場合には、先生方に相談したり、人任せにしたりせず自分で行動するという姿勢も身に付けることができました。校内において配慮されることの多かった生徒たちが、図書館づくりを通していきいきと活動し、少しずつたくましくなっていく姿を見守ることは、私にとって大変うれしい経験になりました。

　さらにこの小さな図書館「マイクロライブラリー」には、不登校傾向のある生徒が保護者と共に通ってきました。保護者と楽しそうに本を選ぶ生徒の姿は、多様な学びの場としての図書館づくりについて模索する私にとっての新しい学びの視点にもつながりました。

視覚障害のある生徒への実践例

■鹿児島県霧島市立国分中学校：2023年度（校長：小牟禮勉）
　（鹿児島県霧島市国分清水1丁目16番14号）
　生徒数：1年生167名、2年生179名、3年生183名、合計529名
　蔵書冊数：14,897冊
　司書教諭：1名　学校司書：1名

◆利用者ニーズに応じた配慮

　学校図書館は、さまざまな困り感のある生徒たちも利用します。国分

中学校には、知的障害特別支援学級と自閉症・情緒障害特別支援学級が合わせて8学級あります。通常学級には視覚障害のある生徒も在籍しています。そのため、それぞれの生徒の困り感に対応できるようにバリアフリー図書の充実を図り、「りんごの棚」を設置しています。

また、生徒会図書部の企画でマルチメディアDAISY図書の上映会も実施しています。

❶ 本校の「りんごの棚」

生徒会図書部の生徒たちと一緒にマルチメディアDAISY図書、点字絵本、布絵本・さわる絵本、大活字本などを紹介するコーナーをつくりました。

視覚障害のある生徒の感想

❷ 読書バリアフリー体験セットの貸し出し

2024年3月に公益財団法人文字・活字文化推進機構の「読書バリアフリー体験セット」[*2]を貸していただきました。本校には所蔵されていない作品もたくさんあり、生徒たちも興味深そうに手に取っていました。

---

*2　学校図書館や公立図書館を対象に、無料で(送料も)バリアフリー図書のセットを貸し出している (https://www.mojikatsuji.or.jp/news/2024/06/28/7574/)。

❸ 公立図書館との連携

本校は、2023年度から大活字本を配架しています。しかし、1冊あたりの単価が高いため、生徒たちの希望を聞き、優先順位を決めて購入を検討しています。

また、学校図書館と公立図書館のライブラリアンとの連携により、近隣にある霧島市立国分図書館（館長：福永義二）にも大活字本（青い鳥文庫：5冊）が配架されました。文字を読むことが苦手な生徒にとって、バリアフリー図書の提供を含めた読書環境の整備は喫緊の課題だと考えます。

私たちが生きるこの社会にはさまざまなみえない壁があります。そのみえない壁がある限り「誰一人取り残さない学校図書館」の実現は難しいだろうと思います。今後もすべての子どもたちの声に耳を傾けながら、平等という視点ではなく、公平という視点でワクワクドキドキするような図書館づくりの研究を進めていきたいと考えています。

事例 4

どの子も図書館に行きたくなる仕掛け

伊達深雪（京都府立丹後緑風高等学校久美浜学舎　学校図書館司書）

現場から問う　読書へのバリアって何？

障害のある人への合理的配慮が求められる現在、バリアフリーというと、障害のある人に注目した取り組みのように思われがちです。しかし例えば、ディスレクシアの読書をサポートする「リーディングトラッカー」や、視覚過敏で白い紙のノートが苦手な人のための「グリーンノート」、やさしい言葉で書かれたLLブックなどは、誰でも利用しやすいものです。

日常的に配慮が必要なほどの障害をもつ生徒はいない久美浜学舎でも、「読書バリアフリー法」が施行される以前から、一通りの読書バリアフリー対応は備えてきました。

2016年度には、IBBY（国際児童図書評議会）の「世界のバリアフリー絵本2013」や「布の絵本」展示会、2023年度には、文字・活字文化推進機構の「読書バリアフリー体験セット」（事例3も参照）

常設展示の読書バリアフリー関連コーナー

展示会を開催し、学校図書館を地域住民にも公開して、生徒を取り巻く社会全体の読書バリアフリーへの理解向上に努めたりもしてきました。

しかし、ここでちょっと考えてみてください。バリア（障壁）は、医学的に名づけられるような障害のある人だけにあるものでしょうか。「宿題が多くて大変」「友達との付き合いがある」「図書館が遠い」から、「本を手にする機会がない」「読む時間がとれない」……そんな些細な日常の中にも、読書する習慣がない人（日常生活のなかで読書することの優先順位が高くない人）にとっては、まちがいなく読書への障壁ではないでしょうか。そうした不特定多数の人の毎日の環境の中にある読書への障壁をどうすればなくしていけるだろうか、と、考えたとき、まず思ったのは、「図書館のなかで取り組んでいるだけではダメだ」ということでした。

2023年度、読書バリアフリー体験に来館した卒業生たち

「いつでも読める」環境づくり

丹後緑風高校久美浜学舎（2020年開校）では、前身の久美浜高校時代の2017年から学校図書館に飲食可能なスペースを設置したり、ボードゲームの利活用を推進するなど、学校図書館を利用する目的を読書や学習に限定せず、まずは「本のある空間」を生徒の日常生活に落とし込む条件の緩和に力を注いできました。同時に、校舎内の渡り廊下や職員室の前、階段など、すべての生徒・教職員が毎日必ず通る生活動線上でさまざまな本の紹介や特集を展開し、生徒が仮に卒業するまで一度も学校図書館に足を運ばなかったとしても、学校生活の各所で多様な読書のおもしろさにふれることができる環境づくりを進めてきました。

生徒や教職員は、学校図書館の蔵書をAIサポート機能（実証実験参加校となっています）を搭載した「カーリル学校図書館支援プログラム」[*1]で、インターネット上のどこからでも検索することができます。そこで読みたい本を見つけたり、あるいは読みたい本がな

死角となる本棚の側面にあえて設置したLGBTQの関連本展示。人目を気にせず必要な本を読めるように

かった場合にも、本の貸出予約やリクエスト、レファレンスは、Googleフォームで手軽に学校図書館に連絡することができます。

京都府立図書館の電子書籍やオーディオブック、有料データベース「ジャパンナレッジSchool」[*2]の利用IDも配付しており、これらのアクセス方法や活用ガイダンスは、授業の中で時間をとって行います。場所を選ばず、24時間、生徒自身のタブレットやスマホからでも、学校図書館やオンライン上にある本の情報にアクセスできることで、「読書の準備にかかる時間」を短縮することは、読書バリアフリーの第一歩と考えています。

一方で、学校図書館に来なくても読書や学習がある程度できる環境を推進するということは同時に、本当はこららがもっと勧めたい読書や学びの手法を直接伝える機会は減る、ということでもあります。有用な読書の機会をそうと知らずに逃してしまうことがないよう、学校図書館とこれらのコンテンツの利活用は、入学直後の図書館オリエンテーション以外でもさまざまな授業やホームルーム等を通して各講座の担当教員と連携しながら適時行っています。授業での学校図書館利用は全学科・全学年で年間数十回を数えます。

[*1] 学校図書館などの蔵書検索をインターネット上からできるサービス。詳しくは、カーリルのウェブサイト（https://gk.calil.jp/）を参照のこと。
[*2] 中高生の学習に役立つ辞書・事典、参考書、統計資料などをインターネット上から検索・閲覧できるサービス。詳しくは、ジャパンナレッジSchoolのウェブサイト（https://school.japanknowledge.com/）を参照のこと。

その反面、休み時間に図書館に本を借りに来る生徒は少なく、ゲームやDVD、友達とのランチタイムを楽しみに通う生徒がほとんどとなっています。しかし、1日びっしりとスケジュールがつまっている授業の合間の休み時間にくつろいで過ごす場が、たくさんの本という知の泉がある図書館であることは、生徒1人ひとり異なる「読書したいタイミング」に寄り添える環境を生徒自身が選んでいるのですから、そう悲観することでもないのでしょう。

「読書しなくてもいい」環境づくり

　昼休み、学校図書館で過ごす生徒たちの様子は、十人十色です。タブレットで映画を観ながらお弁当を食べに来る子もいれば、提出期限の迫った補習プリントをやりにくる子、友達と絵しりとりやボードゲームで遊ぶためにくる子もいます。さまざまな目的の生徒がそれぞれ自分たちの活動に集中できるよう、学校図書館の閲覧室は一斉授業にも対応した広い空間だけでなく、低書架や柱をパーティションとして1人から数人が溜まり場にできるような小空間を7ヵ所レイアウトしています。
　廊下など館外の展示では、時節にあわせてこまめに本を変える一方、学校図書館内の展示や特集コーナーは基本的に変更しません。15種類

1人1人が使いやすい参考図書を見つけられるよう揃えた、国語辞典

ホームルーム教室と職員室をつなぐ渡り廊下に設置した学校図書館の館外文庫。新着本と新聞、時事関連展示特集、顕微鏡クイズコーナーなど多彩。本の貸出手続きやクイズの回答は学校図書館に来てもらっている。

の国語辞典を使い比べたり、探究学習のテーマ探しや進路学習に役立つ本、修学旅行や文化祭の演劇脚本など、授業や学校行事に関わるさまざまな図書館資料を年間を通して特設コーナーにし、さまざまな思考ツールのワークシートなどとあわせて使いやすく提供しています。

その一方で、学習に無関係な剥製と図鑑を一緒に展示したり、図書館の本棚に『ウォーリーをさがせ！』のキャラクターのイラストを隠して見つけた人にはプレゼントがあったり、落書き自由のホワイトボード・ペーパーを置いたり、顕微鏡で拡大したものの正体を当てるクイズをしたりといったミニ・イベントを、各コーナーで不定期に開催し、分野を問わず生徒たちの知的好奇心を刺激し、アクションを促す仕掛けをそこかしこに用意しています。

❶図書館に続く階段の手前にある「SDGs」展示。本と図書館ニュース、エコバッグ、SDGsに関する生徒の調べ学習レポートを展示している。❷職員室前の廊下の展示コーナー。2024年放送中の大河ドラマのテーマ『源氏物語』の関連本と、「源氏香」と呼ばれる香合わせを体験できるワークショップを併設している。❸ホンモノと図鑑を並べてクイズを出題する「本＋物」コーナー（右）と、有志が自由な選書を共有する「一箱ライブラリー」（左）。❹図書館が好き！という生徒の中には、司書の仕事に興味を示す子も。新聞記事スクラップやブッカー貼りなど、手伝ってもらえる作業は生徒の前ですることも、読書や学習意欲の喚起につながる。

新着図書にブッカーをかけたり、新聞記事をスクラップしたりといった図書館業務をあえて昼休みや放課後に閲覧室でやることで、興味をもった有志の生徒が声をかけてくれ、新着本や図書館の仕事についておしゃべりをしながら、一緒に作業をすることもあります。有志の生徒がオススメ本を集めて置いておける「1箱ライブラリー」は、つくった生徒が友達を誘って学校図書館に来てくれる1つのきっかけにもなったりします。

人物事典を参考に著名人の似顔絵を描いて当てっこ遊びをしたりと、その場にいない生徒や先生に向けてアンケートをとったりと、学年やクラスの枠を超えたコミュニケーションツールとなっているホワイトボード・ペーパー

　今年（2024年）度は閲覧室に大モニターが入ったので、昼休みに本を紹介するYouTube動画や原作本がある映画のDVDを流すようにしたら、さっそく常連の生徒Y君が「自分のDVDを持ってきてもいい？」と尋ねてきました。校則では学業に必要のない私物を持ってくることは禁止

他の利用者があまり気にならない小空間の「居場所」を多く設けた学校図書館の館内

食品製造の授業でつくってみたい食べ物を検討する生徒たち

第2章 事例でわかる！学校図書館の「読書バリアフリー」

自由に使える思考ツール（生徒全員が持っているタブレットに入っている「ロイロノート」の思考ツールを紹介した一覧表と、探究学習の過程で役立つ思考ツールのプリント）

されていますが、学校図書館では「オススメ作品をみんなで鑑賞してディスカッションしたい、ということなら、いいよ」とOKし、そうした対応を関係の先生方とも共有しました。

　読書でも勉強でも、一番大切なのは本人の「やる気」です。「学校図書館には、読書や勉強をしたくなくても来たらいいよ」と言う一方で、学校図書館ならではのさまざまな本や情報を通して、読書などなんらかの活動に対する生徒の前向きな気持ちを呼び起こし、そのまま実現は難しい提案でもどうすれば可能か？を一緒に考え、その気持ちにストップをかけない

本を選ぶことが苦手な生徒に向けたテーマ探しの本棚（NDCをベースに教科の学習内容でざっくり11分野に大別し参考図書を中心に入門的な本を並べるほか、テーマの決め方が全くわからない人に向けて「問い」の立て方などに焦点をおいた思考法の本を1棚設けている。）

72

ことを何よりも大切にしています。

　久美浜学舎の学校図書館の禁止ルールは、「他の人のやりたいことを邪魔しないこと」というただひとつだけ。おしゃべりも、畳スペースでのプロレスの練習も禁止していません。しかし、不思議なことに、「あれダメ」「これダメ」と細かく規則を決めて読書をする人を優先する雰囲気があった頃よりも、「お互いにやりたいことを邪魔しないように気をつけましょう」と言っているだけの今の方が、生徒たちは全員とても穏やかに図書館で過ごしているのです。

最初の一歩を後押しする環境づくり

　読書は先人の知識や知恵をインプットする活動ですが、今、高校では得た知識をいかに活用し、生徒自らさまざまな課題を解決していくのか、アクションする力を育むことを大切にしています。しかし、**義務教育を終えたばかりの高校生たちは、まだ家庭や学校など社会に守られ、多くの場面で自ら行動しなくてもなんとかなる状況に慣れており、逆にいえば、お手本のない未知の課題に自ら挑戦しなければならない状況をあまり経験してきていません。**なんとかしたいという気持ちがあっても、ことによっては実現するための一歩を踏み出すことも簡単ではなかったりします。

絵の勉強のため「ヒカリ美術館」を訪問し、館長・池田修造氏から説明を受ける生徒たち

図書館は、生徒の「読みたい！」を後押しするレファレンス・サービス（資料相談）とならび、学校外部の専門家などを紹介するレフェラル・サービスにも力を入れています。しかし例えば、将来、絵を描く仕事に就きたいという夢があるものの画力の向上に悩んでいた生徒に、「地元のアーティストに絵を見てもらって、アドバイスをもらったら？」とアーティスト情報を提供したとして、高校生が一面識もない大人にいきなりインタビューをすることは簡単ではありません。依頼は生徒自身にさせるとしても、その裏で、あらかじめご挨拶をして協力をお願いしたりといった多少の根回しは必要でしょう。

　この生徒は吃音があることで人と話すことをとても苦手にしており、アポを取った電話でも「緊張して挨拶もちゃんとしゃべれなかったので、怒らせてしまったかもしれない」と心配していましたが、夏休み前、思いきって訪ねた美術館ではとても丁寧な対応をしてもらいました。この経験で、生徒は安心したのかもしれません。その後、絵の練習のためのアプリを学校指定のタブレットに搭載するなど認められるわけがないと最初から諦めていた希望も、ダメもとで担当教員に直談判して認められ、夏休み後には周囲の先生たちもそろって驚いたほど活舌よく話せるようになっていました。

　小さな一歩の成功体験が、後の飛躍につながることは、ままあります。そうした生徒たちの一歩目を後押しするべく、学校図書館では地域のさまざまなコミュニティに生徒たちが関わっていきやすい機会と情報の提供を、学校内での取り組みと同様に大切にしています。これまでに、特に環境問題について学ぶ「ウィキペディアタウン」（オンライン百科事典Wikipediaに地域情報を発信するイベント）など、公立図書館と大学、地域ボランティアなどが協同する機会で、複数回延べ12名の高校生が学校図書館が仲介した地域社会の取り組みに自主的に参加し、地域に貢献するとともに、その経験を自らの成長につなげていきました。

　例えば、学校に行きたくない子どもたちに図書館においでと呼びかけ

るように、図書館ではしばしば「居場所づくり」も重要といわれますが、本当の居場所はつくるものではなく、1人ひとりが自らが心地よく感じる場所が自然と居場所になるものです。そしてその居場所を1つではなく、社会の中にたくさんもっている人ほど、たくましく、豊かな人生をおくることができるものです。

やがて1人の大人として社会に出ていく生徒たちの将来のためのさまざまな居場所へつながる扉を、学校図書館はたくさん開いておきたいと思います。

民間団体が開催した「ウィキペディアタウン」で、Wikipediaを編集する生徒たち

■京都府立丹後緑風高等学校久美浜学舎
（京都府京丹後市久美浜町橋爪65）
児童生徒数：91名
蔵書冊数：20,498冊（内：絵本約400冊、LLブック6冊、点字図書4冊、布の絵本3冊、DVD273枚、紙芝居2点、電子データベース、その他）
司書教諭：0名（同校他学舎1名）　学校司書：1名

事例 5

学校図書館を活用した授業改善

土井美香子（NPO法人ガリレオ工房　東京都外部専門員）

　東京都では、「都立知的障害特別支援学校における自立と社会参加に向けた指導内容の充実を図るとともに、教員の専門性を向上させるため、作業療法士、理学療法士、言語聴覚士及び心理の専門家等を都立特別支援学校知的障害教育外部専門員（以下、「外部専門員」という。）として配置」しています。この制度を活用して、都立城東特別支援学校では2016年の開校時より、外部専門員を委嘱しています（詳細は、「都立特別支援学校知的障害教育外部専門員設置要項」[*1]参照）。私は開校当初から外部専門員として、特別支援学校（知的障害）において教育課程の展開に寄与する学校図書館の機能とその活用を助言し、学校図書館の活用を核とした授業改善のお手伝いをしてきました。

まずは、環境の整備から

　都立城東特別支援学校は、知的障害の小学部、中学部がある特別支援学校です。同じ校舎に聴覚障害特別支援学校である都立大塚ろう学校城東分教室があり、学校図書館も2校共同で運用・活用しています。城東特別支援学校の児童生徒の教室からは少し離れた場所にありますが、広くてたっぷりとした蔵書が用

3階の日当たりのよい独立した1室

---
*1　https://hamura-sh.metro.ed.jp/site/zen/content/000113747.pdf

意できる学校図書館です。2016年の開校当初から、学校図書館長である校長先生の指揮のもと、学校図書館を活発に利活用しようと環境整備を進めました。

◆**管理運営のスマート化**

学校図書館管理システムを導入し、蔵書管理の電算化、貸出返却手続きの機械化を行いました。なお、2023年度より、都立特別支援学校の全校にクラウド活用の学校図書館管理システムが導入されました。

◆**利用の障壁となる心理的ハードルを下げる**

開校当時、図書館利用は事前申込制となっていたため、利用への心理的ハードルとなっていました。現在は、管理システムが入っているパソコンを担当者が始業時に立ち上げ、終業時まで毎日開館している状態をつくり、誰でもいつでもシステムを利用できるようになっています。

知的障害の特別支援学校では、子どもに教職員が常に付いて学校図書館に来館します。システム利用の経験のない教職員にも抵抗感なく活用してもらえるよう、カウンター背面の壁を利用して貸出・返却の仕方案内を掲示しています。

◆**居心地がよく、かつ目的によって使い分けられる空間を構成**

明るい色の遮光カーテンを採用し、温かみのある清潔な空間づくりをし、学習姿勢の保てる6人掛

1 1クラス5・6人のことが多いので、複数のクラスで同時に利用することもある机椅子席。**2** キャレル席 **3** 丸テーブル席 **4** 現在のマット席 **5** 当初のマット席

77

け机椅子席24席、特別なニーズをもつ子どものためのキャレル席２席、コミュニケーションを活発化させられる丸テーブルと椅子４席、リラックスした姿勢ができるマット席があります。

　学校図書館の活用を進めていくうちに、マット席は学習姿勢が保てない、ごろごろすることに夢中になってしまって本を見たり読んだりする切り替えができない、といった実態が見え始めたため、ソファーのみ常設とし、重度・重複障害児の利用時など必要なときにマットレスを広げる方式に変更しました。

蔵書収集

　自分から「よみたい(文字を読むだけではなく、イラストやDAISY図書をよむことも含めます)」「本を手に取りたい」という主体的な子どもを育てるためには、子どもの「好き」にこたえる豊富な資料が用意されていることがとても重要です。学校の図書費での購入だけではなく、都立図書館や近隣自治体図書館の払出図書、財団法人等からの寄付なども活用して、多彩で豊富な蔵書収集を助言しています。また、破損した本はもちろん修理しますが、修理しかねるほどの破損図書は、書架の魅力を減衰しますし、利用者からの図書館への信頼も損ねますので廃棄します。しっかりと廃棄したうえで、しっかりとした蔵書数を維持するようにします。

ゾーニングと分類配架

　豊富な蔵書を所蔵していても、「ほしい」と思ったときにその本まで行きつくことができなければ、役に立ちません。蔵書を利用者目線で整理し、①絵本、②学習に関連する絵本、③図書の３つのゾーンを構成し、各ゾーンを多くの公立図書館が採用している分類基準(NDC)に準じて、分類配架をしています。実態に合わせて子どもが近隣の図書館に出かけたり、学

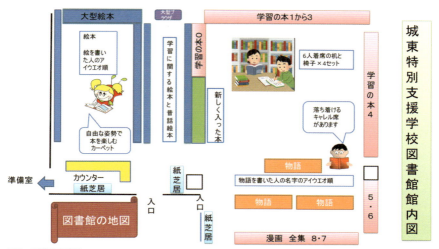

図1　図書館の地図

校を卒業した後に公立図書館を使うことを想定し、学校図書館で練習をしていくことができるように、との考えからです。絵本は絵の作者のあいうえお順、学習に関連する絵本と図書はNDCで分類配架しています。

　図1のような「図書館の地図」をつくり、教職員向け利用案内として配布すると同時に、館内にも展示し、このような整理をしていることを常時広報しています。子どもたちも先生も「自分がほしい本はどこにあるかな？」と地図を見て探しにいく練習をします。

学校図書館を活用した授業

◆校内研修と図書館利用相談申し込みシステム

　学校図書館を全校的に利活用していくためには、教職員の学校図書館への理解促進が大切になってきます。夏休みに、①図書館利用の基本的な方法、②言語活動及び読書活動の推進について、③よく使われるテーマでの有用な図書の紹介（ほんの味見）[*2]、④学校図書館を使った授業の事例紹介といった内容で、教職員対象の校内研修を年1回行っています。

この研修の事後アンケートでは、「いろいろな資料があることを知ることができた」「さまざまな資料の活用方法がわかった」「さまざまな授業で使えることがわかった」という回答が寄せられ、学校図書館の有用感が高まったことが示されました。

資料の相談をしたいと思っても外部専門員の来校日は限られているため、教職員向け電子掲示板から事前に図書館利用相談の申し込みができるシステムを運用し、職員室からリクエストや相談ができるようにしました。「2年生です。本を読んでくれる人のほうへ注意を向け、どんな本かなと聞く態度を育てたい」「算数で大きい小さいをテーマに学習しているので読み聞かせをしてほしい」といった申し込みが寄せられるようになりました。

◆社会に開かれた学びのスモールステップとして 学校図書館を活用

このような学校図書館活用の相談の中に、小学部6年の担任から、「学校図書館を活用した国語算数の授業をしたい」という相談がありました。算数で10までの数について学んでいるけれど、学習は先生と教室で行うもの、教室から出たらもう関係ないと思っている傾向があるので、学んだことを使う練習をしたいという担任の思いから、全8時の単元計画のうち、第5時を学校図書館で算数の授業をする計画を立てました。

第5時では参加する6人の児童1人に対し、1冊は貸し出せるように本を用意し、以下の30分のプログラムを実施しました。

◆先生から今日は、図書館で算数と国語の勉強をすることを話す
◆導入でわらべ歌・手遊び歌に取り組む
◆導入で使った道具を数える
◆本の読み聞かせと絵本に出てくるものの数唱

＊2 どんな本が学校図書館にあるのかをほんのちょっと味見する程度に手に取る活動。

（使用した本：『かずのえほん１・２・３』五味太郎・作、絵本館、『りんごはいくつ？』よねづゆうすけ・作、講談社、『10ぴきのかえる』間所ひさこ・作、仲川道子・絵、PHP研究所）

◆ その他の本の紹介

◆ 先生が「ここに何冊本があるかな？（数と呼称の対応の確認）」と問う

◆ 好きな本を選んで借りて帰ろう

表1　小学部6年　算数の授業計画

時	主な学習活動・内容
第１〜２時	・１から10までの数唱練習 ・教員が提示した数のおかずを個人のお弁当箱に詰めて数える。
第３〜４時	・１から10までの数唱練習 ・教員が提示した数のおかずを個人のお弁当箱に詰めて数える。 ・クラス全員でゾウくんのために大きなお弁当を作る（お弁当箱の中に貼った表に入れながら数える）。
第５時 （本時）	・絵本で数唱の確認 ・違う環境でも数唱を利用して具体物を数え、数と数唱が対応していることをいろいろな場面で確かめる。
第６〜８時	・１から10までの数唱練習 ・教員が提示した数のおかずを個人のお弁当箱に詰めて数える。 ・クラス全員でゾウくんのために大きなお弁当を作る（お弁当箱の中に貼った表に入れながら数える）。 ・おやつの数を数えて、数の確認、簡単な計算（多少、足りる足りない、食べたら減るなど）

　この授業では、①学んだ知識を活用する、②自分のものではなく公共のものを借りる、③いつもとは違うクラスの友達と一緒に学ぶ、ということを通じて、生涯学習の練習につながる「社会」のミニ体験の場として学校図書館を活用し、授業改善を図っていきました。読書は社会参加への扉となり、学校図書館はそのスモールステップの場となりうるのです。

　以下、この授業後に見られた子どもの姿ですが、

・紹介された本から好きな本を選んで、借りて教室へ帰るというステップから、これまでやりたいことが見つからない＝指示されたらやるという児童Ａが「自分のやりたい」ことが見つかった。

・ことばの学習で出てきたものが、読んでもらった本の中に出てきた。そのことを自分で発見し、それまで発語のない児童Ｂが、図書館から

81

の帰りに飼育していたザリガニを指し「ザリガニ！」と発語。その後も通りかかるたびに「ザリガニ」と先生や友達に話しかけようとする。
・視野が狭く教室移動なども苦手な児童Cが、図書館に行くということはよく理解し、好み、図書館バックを持つと図書館へ行く道を歩ける。
・発語のない児童Dが図書館に行きたくなると、図書館バックを持ってきて自分の意思を示し、コミュニケーションするようになった。

など、主体的に学ぶ意欲がみられるようになりました。

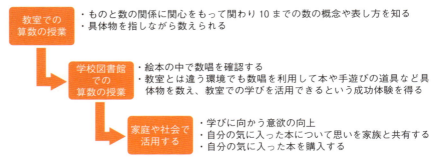

図2　教室での算数の学習で得た知識技能を社会生活の文脈で活用できるようになるための足場かけとして学校図書館を使うステップ図

◆授業の展開に役立つ読書

　特別支援学校においても読書活動や言語活動を推進しようという機運が盛り上がっています。では、読書の楽しさとはどのようなものでしょうか。例えば、自然科学、社会科学を含めて科学の本には、「知る喜び」「わかる喜び」があります。特別支援学校の子どもたちにも科学の本を読む楽しさをもっとたくさん味わってほしいと思っています。

　本は、著者が自分の経験や知識の総体の中から一部を抽出して、文字やイラストなどの記号に置き換えてつくっています。読者は著者と同じだけの経験や知識をもっているわけではありませんから、その文字やイラストを読者自身の経験や知識に照らし合わせて読んでいくほかありません。経験や知識の少ない子どもは、どの経験・知識に照らし合わせればいいのかわからなくて本に手が出せないことがよくあります。そのよ

うなとき、一緒に読むという方法があります。内容がわかっている大人が「読み聞かせ」をすると、少しずつ読めるようになります。

　科学の本も、本に書いてある言葉と照らし合わせる体験をしながら読んでいく「理科読」という手法があります。この理科読の手法を使って授業改善のお手伝いをしてきました。

◆小学部３年　生活単元「色水づくり」の授業

　「小学部３年生活単元で『色水づくり』をしたいのだけれど、使うことができる図書はあるでしょうか」という利用相談が担任からありました。この生活単元では、①色は混ぜることができることを知る、②意欲をもって自分の好きな色を混ぜて新しい色を作ろうとする、③友達と見せ合うことをねらいとしていました。そこで全５時の授業計画を３段階に分け、第１段階として、図書館から教室へ貸し出した関連図書を担任が読み聞かせをし、第２段階で学校図書館から理科読の出前授業をし、以下のプログラムを行いました（以下担任が行った内容を【担】、学校図書館が行った内容を【図】と表記）。

・【担】色水あそびをして、色を混ぜる学習をするというお話
・【担】学校図書館の先生に、色混ぜの実験をしてもらうことを伝える
・【図】『あおくんときいろちゃん』（レオ・レオーニ作、至光社）の読み聞かせ
・【図】セロファンを使った影絵で色混ぜの実験
・【図】『いろのダンス』（アン・ジョナス作、ベネッセコーポレーション）の読み聞かせとシフォン布を使ったわらべ歌あそび
・【担】シフォン布を使って自分たちでも色混ぜをする
・【図】本の紹介（色混ぜのイメージをつかむことができる本：前出の２冊に加えて『まざっちゃおう！いろいろないろのおはなし』アリー・チャン作・絵、フレーベル館、『はる・なつ・あき・ふゆいろいろのいえ』ロジャー・デュボアザン、BL出版）を教室貸出
・【担】好きな本を手に取っていろいろな色混ぜのイメージを広げ、次

回から色水を使用することを説明

授業の中に読書を取り入れ、展開の手助けとなるような本を手元に用意して、自分の「好き」を大切にしながらすすんで本に触れることができる環境をつくることができました。第3段階では自分で好きな色を選び、好きな量を混ぜるという主体的に取り組む姿が見られたと担任から報告がありました。

◆学びの連続性を大切にした中学部社会科・理科の授業

中学部1年の社会科・理科で「社会のルール」について学ぶ指導案づくりの相談がありました。学校図書館から提供できるサービスを検討しながら、以下のような立案を支援し、実践をお手伝いしました。

❶ 大型交通安全紙芝居を読み聞かせ
❷ 紙芝居に出てきた交通ルールと交通標識を確認
❸ 自分が知っている標識やマークを本の中から探して、友達に教える
❹ いろいろな標識の意味を知ろう
❺ 次の時間に、学校の中の非常口の標識を探して地図に書き込もう

学校図書館からは、読み聞かせの出前と③で用いる図書資料をグループに1冊用意し、提供しました。⑤は別日の授業となるので、③で提供した図書を学校図書館内で「記号の本」としてコーナー展示し、⑤の授業前後にも本を見られるようにし、本へのアクセスを保障しました。学校の非常口探しの授業の後に担任から「生徒はとても主体的に非常口探しを行い、地図もよく知っていた」「リサイクルマークやヘルプマークなど知っているマークからSDGsの学びへと広げることができた」といった報告がありました。

2年に進級し、6月に「地域の安全」について学ぶときにも指導案を作成するにあたって相談があり、1年次のこの授業の振り返りから入る

授業を提案しました。

1. スライド：1年次に取り組んだ校内のユニバーサルデザインについて振り返る（校内の非常口の標識、町の中の安全標識）
2. ICT活用：「東京防災」アプリのダウンロード
3. 各家庭での安全約束づくりシート（各家庭で災害が起きた際の約束事をまとめたもの）の紹介
4. 防災紙芝居の読み聞かせ
5. 危険や安全に関する標識＝マークの本の紹介
6. 防災マップの中で避難所のマークを見つける

　ここでも防災紙芝居の読み聞かせとマークの本を出前し、学校図書館内に防災、台風や水害、地震に対する安全教育の本をコーナー展示しました。自分の手を動かして防災マップの中に避難所のマークを見つけたり、防災アプリを開いてみたりしたことで、生徒たちからはマークの本を開いて同じマークを探したりする主体性が見えました。また、マークをキーワードに時間軸という垂直方向にも、ルールと地域学習、ICT活用という水平方向にも学びの連続性を実現していました。

　いずれの場合も、児童・生徒に行き渡るだけの資料が提供できることと、適時に提供できることが大切です。「児童生徒の学習活動を支援したり、授業の内容を豊かにしてその理解を深めたりする『学習センター』としての機能」を活用した読書体験が読書の楽しみをさらに広げていくことでしょう。

■東京都立城東特別支援学校
（東京都江東区大島6丁目7−3）
児童生徒数：256名（2024年4月8日現在）
蔵書冊数：約8,000冊（所蔵の種類：絵本、LLブック、点字図書、マルチメディアDAISY、手で読む絵本、音の出る絵本、DVD、紙芝居、その他資料）
司書教諭：2名　学校司書：0名

事例
6

知的障害と肢体不自由のある
児童生徒の読書習慣づくり

生井恭子（東京都立鹿本学園主任教諭）

幅広い蔵書構成が特徴

　障害がある子どもたちは、言葉の発達が遅いこともあり、「読書」へつながる生活や支援の難しさを、日々子どもたちと学習・生活するなかで感じています。

　障害が比較的重度の児童生徒が通う特別支援学校では、どのような読書活動・言葉につながる活動（言語活動）ができるのか、それを支える学校図書館はどのような運営ができるのかを考える日々です。

　豊かな言語活動（読み聞かせなど）を継続することで、人生におけるQOLの向上につながるのではないかとも考えながら、鹿本学園では図書館づくりを進めています。

　本校は、児童生徒数約500名が在籍する知的障害（小学部・中学部）・肢体不自由（小学部・中学部・高等部）の併置校です。併置校といっても、学校生活はそれぞれの障害に合わせた教室づくりをしているため、別棟です。両部門の児童生徒たちが同じ場所で交じり合って過ごせる場所は校内では図書館だけです。

　本校の図書館は、児童生徒数から考えると狭いと感じますが、1階、2階に図書コーナーを2か所設置し、児童生徒の生活の中に本が入るように整備をしています。

　児童生徒の好きなものや必要な資料はさまざまです。特に本校は肢体不自由教育部門に準ずる教育課程（通常の教科書を使って学習をしています。

子どもたちが自分の好きな本を紹介しているコーナー

中学部卒業後は都立高校に進学したり、高等部卒業後は大学に進学したりする生徒も在籍しています)に属する児童生徒が在籍しているので、蔵書構成は幅広いです。

好きなものが明確にわかっていて、乗り物や恐竜の本を探す児童生徒。本に触れて、絵や言葉を感じ取って、ゆっくりページを広げる児童生徒、調べ学習・探究学習のために必要な資料を探す児童生徒といったように、児童生徒の興味関心、必要なものは、とても幅が広いです。そのため、学校図書館の環境を整備するだけではなく、児童生徒にとって必要な本を提供できることが図書館にとって大きな役目となっています。

また、「この本でないとだめ」ではなく、「この本もあの本も好き」「この本があれば安心する」と「好き」を広げることが図書館の役目となり、卒業後のQOLも向上すると考えています。

進まない司書配置

特別支援学校では特に、「学校司書」の配置が進んでいません[1]。学校図書館は、館長である校長が策定する学校運営計画を基に司書教諭が運営をしますので、校長が学校図書館に理解があることが肝です。

障害の有無に関わらず「読書の大切さ」「言語活動の必要性」を重視している学校では、図書館の蔵書内容が豊かであったり、本を使った学習を展開していたり、読書に関わる行事を行ったりしています。

---

[1] 文部科学省「令和2年度学校図書館の現状に関する調査」によると、学校司書の配置状況は、特別支援学校小学部で9.3%、中学部で5.5%、高等部で12.0%となっている。なお、通常の小学校での学校司書配置率は、68.8%、中学校で64.1%、高等学校で63.0%となっている。

本校では、外部専門員（事例5を参照）による「お話し会」を月に2回行っています。加えて、学校図書館を支える司書的な役割をする学校図書館支援員が週に1・2回ほど4時間勤務をしています。時間は少ないですが、人がいる時間が少しでもあることで図書館内が明るくなり、教員が本についての相談をすることも増えています。

わかりやすい環境づくり

　本校の図書館は、通常教室の半分ぐらいのスペースのため、混んでいるときは、譲り合って使っています。

　図書館内を1周すると、0類〜9類（1桁で分類）[*2]までわかりやすく、並べています。また、図書館内は車椅子同士がすれ違えるように椅子などは置かないようにしています。図書コーナーは表紙が見える棚が整備されており、棚ごとにちょっとしたコーナーをつくって児童生徒の興味関心に触れるような配架をしています。

書架はこのように分類ごとに色分けしている。
色シールの下に十進分類法の分類番号が記載されている。

---

*2　日本で使われている図書分類法である日本十進分類法（Nippon Decimal Classification；NDC）では、0類：総記、1類：哲学、2類：歴史、3類：社会科学、4類：自然科学、5類：技術、6類：産業、7類：芸術、8類：言語、9類：文学に分けている。

図書館自体は小規模だが、太陽の光が降り注ぐ明るい館内。ソファーや移動できるベンチに座って過ごす。

図書館を入って左側にはカウンターがあり、児童生徒が自分たちで貸し出しできるようになっている。

図書館入口の掲示板に配置図を掲示。貼り直しができるようにマグネットシートに分類内容を示している。

図書館前の廊下には、本の表紙が展示できる書架が並んでいる。季節にあった本やテーマを決めて本を選定。この書架から借りていく児童生徒も多い。書架上のホワイトボードには、児童生徒が学習で作成した作品を展示している。

スクールバス玄関(児童生徒のほとんどがスクールバスで登下校している)にあるコーナー。江戸川区立中央図書館とのコラボ。その横には、紙芝居が並ぶ紙芝居ステーションがある。表紙が見えることで、貸出数が増えている。

89

2階は中学部・高等部の生徒の教室。また、職員室もある。このコーナーでは進路に関わる本やマンガなどが並ぶ。心が騒めくときや切り替えが難しいときには、このコーナーに来て少しでも心が休まる時間をつくって欲しいと思い、パラパラとページをめくると絵が目に飛び込んでくるような写真中心の本や食べ物などの本も選んでいる。新聞は7誌(子ども新聞・中高生新聞含む)配置している。

エピソードの紹介

　肢体不自由教育部門の小学部、低学年のＡさん。言葉によるコミュニケーションはでき、会話に困ることはありません。大人との会話では、ポンポンと会話が弾むほどです。けれども、絵本の読み聞かせをなかなか楽しむことができませんでした。読み聞かせになると目を閉じて、意識を遠ざけるといった様子です。図書館に行っても、キャラクターが主役の絵本を見つけては、借りるを繰り返していました。

　そこで、Ａさんに向けた読み聞かせをしました。繰り返しがあり、リズムよく進む絵本を中心に選びました。Ａさんが気に入ったら貸し出し、可能であれば、家族に本の紹介をすることを宿題にしました。

　すると、文字は十分に読めなくても絵を見て、一生懸命説明し、最後はＡさん自身が考えたクイズまで出すようになったと、家族から報告がありました。本の楽しみ方を学んだＡさんは、今では外部の方によるお話し会も楽しめるようになりました。

唯一交じり合って過ごせる場所

先にも述べたように、知的障害と肢体不自由両部門の児童生徒が学び合えるのが図書館です。教員同士もお互いが担任する子どもたちだけでなく、図書館で出会った障害が異なる子どもたちから学ぶ機会にもなっている場所です。忘れてはいけないことは、障害があってもなくても見ること、知ること、学ぶことは平等であり、同じように学ぶ機会があること・つくることが大事だということ。それを常に思い返して、図書館づくり・読書習慣づくりを進めています。

お話し会

読書習慣づくりの1つとして外部専門員によるお話し会を月に2回行っています。外部専門員の来校日が決まると教員の教務用パソコンの掲示板に予定が出され、先生方は時間割や学習予定を見て、お話し会を受けたいときは、図書館担当の教員にエントリーをし、その後調整して、スケジュールを決めていきます。

両部門が対象となるので、1日に5回お話し会をすることもあります。また、参加する児童生徒の年齢・実態は異なりますので、先生方が書いたリクエストや児童生徒の実態から本や紙芝居、わらべ歌などを決めて、進めています。

児童生徒のその時間の様子から他の本に変更することもあるようです。特に中学部・高等部のお話し会は、生活年齢を考えて選ぶのでとても悩むそうです。

地域の図書館とつながる

　江戸川区立中央図書館のコーナーをスクールバス玄関に設けていま
す。卒業後、ほとんどの子どもたちは地域で生活をします。生涯の楽し
みとして、「本が近くにある」生活となるように、地域の図書館と連携
を取っています。

　毎年、肢体不自由教育部門小学部の1年生は、中央図書館へ社会見学
に行っています。図書館内を丁寧に案内してもらい、図書館司書による
お話し会を楽しんでいます。知的教育部門の子どもたちは、歩行訓練が
てら図書館に行き、公共でのルールを学ぶ機会にもなっています。

　肢体不自由教育部門に準ずる教育課程の児童生徒に向けて、図書館の
司書が辞書・辞典などを持って来校し、本を使って調べるコツを教えて
くださったこともありました。学校にはない分厚い辞書などにびっくり
しながらページを開いていました。

　子どもたちの実態に応じた、地域の図書館利用をすることで、余暇時
間が豊かになっていくことを願って継続しています。

この学校だからできることを

　私が図書館業務に本格的に携わり始めた頃、専修大学教授の野口武悟
先生から、「この学校だからできることをするんですよ」と助言を受け
たことを念頭に置いて、今も運営を続けています。

　本校は、児童生徒数が多いですが、図書館は狭いですし、予算も潤沢
ではありません。しかし、児童生徒たちに本を届けるために、何かでき
ると思い、使いやすい図書館・読書習慣づくりを進め、ダイレクトにお
話が届くお話し会の実施などを進めてきました。短い時間でも本を開く
習慣が身に付くといいなと思います。

今後も児童生徒、先生方が必要と感じる図書館づくり、読書習慣づく
りを進めていきたいと思っています。

■東京都立鹿本学園
　（東京都江戸川区本一色2－24－11）
　児童生徒数：489名
　蔵書冊数：5,681冊（絵本：2,561冊、LLブック：18冊、布絵本：3冊、DVD：23枚、紙芝居：138点）
　司書教諭：3名　　学校司書：4名（＊外部専門員の一部として）
　＊東京都の特別支援学校では、教員の他に指導内容の充実を図るとともに、教員の専門性を
　向上させるために、作業療法士、理学療法士等の専門家を都立特別支援学校外部専門員とし
　て、配置することができる。

事例

7

チームで行う図書館運営

福島美菜子（元島根県立出雲養護学校校長、島根大学教育学研究科特任教授）

伊藤翔太（島根県立出雲養護学校教諭　図書情報部長）

分掌として学校図書館を運営

　出雲養護学校は、2024年度に創立50周年を迎える、出雲圏域唯一の特別支援学校です。児童生徒289人（2023年4月現在）、校舎は母体である本校のほか、4つの分教室があります。知的障害教育部門、肢体不自由部門、病弱部門の3つの障害部門があり、小学部から高等部の児童生徒が在籍している大規模校です。

　本校の校舎改築にあわせ2017年度に図書館が完成しました。それまでは児童生徒の急増に伴う教室不足から、図書館の確保が困難で、各学部等に「図書スペース」をつくって対応していた状況から、広く新しい図書館が完成し、学校をあげて喜びました。

　図書館の運営体制については、校務分掌の1つである「図書情報部」に「読書指導・図書館活用」「図書購入・管理」の業務を位置づけています。図書情報部は、「ICT活用推進」や「授業用機器管理」も担当業務としていることから、図書館運営との親和性が高く、DAISY等の活用も進めやすい環境です。

　また、島根県では2013年に、特別支援学校に学校司書が配置となりました。本校では2名の学校司書が勤務しています（本校1名、分教室1名、月60時間勤務）。図書情報部に司書教諭を配置し、学校司書と連携しながら業務にあたっています。

しかし本校は、司書教諭と学校司書だけで図書館業務を担える学校規模ではないため、図書情報部が分掌として学校図書館運営を担っていることが特徴です。具体的には、司書教諭のほかに図書館運営にかかわる人材として図書情報部の教員の中から「図書館担当教員」を決めて、チームで図書館運営にあたっています。

（福島）

多様な児童生徒が利用する図書館の環境づくり

　図書館では、小学部から高等部まで、児童生徒の多様な発達段階や障害の特性に配慮して運営を行っています。

◆**図書館のレイアウトについて**

　本校では、図書館を「いずようカラフルとしょかん」とし、さまざまな実態の児童生徒が利用できる運営を心がけています。貸し出し・返却のカウンターには大きく「かりる」「かえす」と表示をしたり、図書の分類をイラスト付きで示したりして、視覚的にわかりやすいように工夫しています。

　また、図書館内外の壁や窓には、高等部の生徒が作成してくれた壁面飾りを掲示しています。季節ごとに変わる壁面から四季を感じられるようになっています。

「かりる」「かえす」が大きく表示されていて、視覚的にわかりやすい

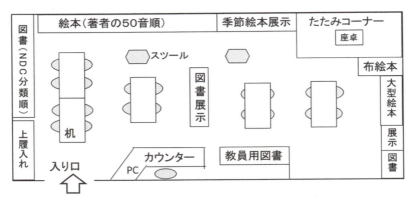

図書館内の見取り図

　本校は、知的障害教育部門・肢体不自由教育部門が併設されています。また、隣接する分教室では小中学校の学習指導要領に準じた教育課程で学習をしている児童生徒も在籍するため、幅広い実態の子どもたちが図書館を利用します。そのため、机と机の間を広めにして落ち着いて本と

❶机と机の間が広く取られているレイアウト ❷畳スペース ❸教師と一緒に学ぶ子ども ❹絵本の読み聞かせをしている場面

向き合えるようなスペースをつくったり、畳やスツールを置いてゆったりできるスペースを設けたりして、個々に合わせた図書館の利用ができるようにレイアウトをしています。

展示の工夫

　図書館の展示は、一般図書から布絵本まで、種類ごとにコーナーを設けて展示しています。

❶ 一般図書コーナー

　NDC分類順に並べています。高等部の生徒や、隣接する分教室から図書館を利用する児童生徒は、このコーナーからの貸し出しが多いです。

❷ 絵本コーナー

　作者順に並べています。小学部の児童が選びやすいよう、低めの棚を使っています。棚の上部には人気の図書を表紙が見える形で置くことで、より手に取りやすくなるようにしています。

❸ **季節絵本コーナー**

　四季や各月のイベントに合わせて、図書館司書が選書します。教員も利用しやすいです。

❹ **大型絵本コーナー**

　小・中学部に大人気のコーナーです。表紙が見えるように並べています。

❺ **新聞コーナー**

　こども新聞を中心に、並べています。

❻ **資料コーナー**

　出雲地区の観光パンフレットや、進路学習に使える企業のパンフレットをファイリングしています。

❼ **新図書コーナー**

　新しく購入した本や、県立図書館から取り寄せた本を並べています。図書館の中心で、一番目立つ場所にコーナーを設けています。

蔵書選びのポイント（大切にしていること）

蔵書選びでは、主に次の3つのことを大切にしています。

❶ 児童生徒・教職員のニーズに合わせて本を選ぶこと

選書は、主に図書館担当教員と学校司書とが中心となって行います。その際、司書教諭に助言をもらったり、各学部・分教室ごとにアンケートを取ったりして、校内のニーズに合わせた選書ができるように意識しています。児童生徒にもアンケートをとり、児童生徒が読みたい本が増えるよう、つとめています。

❷ 時代や流行を意識して本を選ぶこと

世の中で流行っている事柄や、生活年齢にあった本を増やすことも大切にしています。例えば、「SDGs」「プログラミング」「LGBTQ」など、ニュース等でたくさん聞く言葉をもとに選書をしたり、特に高等部向けに雑誌やマンガなどを増やしたりするように心がけています。

また、学習でよく取り扱う題材(季節に関するもの)や、学校のグランドデザインから「地域(出雲地方)」に関する図書や資料を集め、学習に活用できるようにもしています。さらに、校内で購入ができなくても、出雲市立図書館や島根県立図書館から取り寄せて学習に利用することもあります。

❸ バランスよく本が増えるように工夫すること

小学部から高等部まで幅広い実態の児童生徒が利用するためには、さまざまなジャンルの本が必要です。図書館設立当初は絵本が中心でしたが、現在はより多くの利用につながるよう、高等部向けの本を増やすなど、偏りができるだけなくなるように選書しています。

図書館利用の様子

　小・中学部では、「国語」の時間に図書館で本を読んだり、大型絵本の読み聞かせを聞いたりしています。また、昼休みなどの休憩時間に、教員と一緒に本を借りに来ることもあります。

　肢体不自由部門の児童生徒も「国語」や「自立活動」の時間に図書館を使います。たくさん並んだ本や教室とは違う静かさは、図書館でしか味わえない魅力です。

　高等部では調べ学習で図書館を使うことがあります。図書やタブレット端末を使って、地域のことや進路先のこと、野菜の栽培方法など、さまざまな調べ学習に利用します。

　図書館を利用しやすいように、事前に授業利用の予約をできるようにしています。予約は、「他クラスとの共有可否」が記入できるため、クラスで図書館をフル活用したり、共有で他学年とのかかわりのきっかけとなったりしています。

　また、図書館の活用推進のため、昼休みを利用して「読み聞かせ会」や「図書館演奏会」を行っています。「読み聞かせ会」は学校司書や教員が中心に行いますが、学習の一環として高等部の生徒が担当したこともあります。感染症で集合が難しい時期には、読み聞かせ動画を録画して、見られるようにしたこともあります。演奏会は、教員によるヴァイオリン演奏を聴きながら読書を楽しんだり本を借りたりする企画です。演奏会当日は、いつもの昼休みに比べたくさんの来館がありました。演奏に合わせて身体を揺らしながら演奏を聴く児童や、演奏を聴きながら

本を読む生徒の姿が見られました。

　マルチメディアDAISY図書も利用しています。毎年、公益財団法人伊藤忠記念財団より、「わいわい文庫」の寄贈をいただいています。主に小・中学部で、国語の学習などに利用しています。読み上げ機能を使ったり大型モニタに投影したりすることで、本が好きな子どもたちに加え、普段は本に興味をもちにくい子どもたちにとっても本を楽しむきっかけになっていると感じます。また、2023年度に、「デイジーこどもゆめ文庫」（公益財団法人日本障害者リハビリテーション協会）に申請をしました。承認いただき、児童生徒の使うタブレット端末からデイジー文庫が利用できるようになりました。教室で・タブレットで・本が読めるようになり、新たな本と出会うきっかけがひろがったと感じます。　　　　（伊藤）

　ご紹介したように、本校のような大規模校では、児童生徒の発達の段階や障害の特性に配慮した図書館の環境整備や選書等について、チームとして図書館運営にあたることが読書バリアフリーの推進に有効だと感じています。障害種に対応したレイアウトや蔵書にすることで、多様な子どもたちがアクセスしやすい環境となり、図書館に行くことを楽しみにしている子どもたちが増えています。「本が好き」、「図書館は楽しいところ」という気持ちが育つように、教職員が知恵を出し合って運営にあたることで、出雲養護学校にしかないオンリーワンの図書館ができていくように思います。　　　　　　　　　　　　　　　　　（福島）

■島根県立出雲養護学校
　（島根県出雲市神西沖町2485）
　児童生徒数：289名（2023年4月現在）
　蔵書冊数：3,600冊（内：大型絵本65冊、パネルシアター15冊、エプロンシアター4冊、紙芝居53冊、マルチメディアDAISY図書38冊、CD、DVD 20枚）
　司書教諭：3名　学校司書：2名

多様な読書環境と新しい「バリアフリー図書」の提案

三宅治朗(前岐阜県立可茂特別支援学校教諭 司書教諭、現岐阜県立岐阜清流高等特別支援学校教諭 司書教諭)

多様なコーナーの工夫

廊下から見た図書館

　岐阜県立可茂特別支援学校の学校図書館は、2011年の開校後、岐阜県可茂地区の学校司書を中心とし、専修大学教授(当時は准教授)の野口武悟氏や地域の学校・図書館等からの開館支援を受けて誕生しました。

　特色は、学校司書や司書教諭の選書による絵本等の寄贈図書コーナーや、附則9条本[1]等による「教科書コーナー」、「教科書関連図書コーナー」、独自に開発した「CLブック(バリアフリー図書)コーナー」、「図鑑読み比べセット(校内図書セット)コーナー」など他の特別支援学校には見られない各種コーナーを有している点にあります(三宅、2022、2023)。

　また、「新聞コーナー」、「進路コーナー」、「マルチメディアDAISY図書コーナー」(サーバー内に設置)、「郷土資料コーナー」など各種コーナーにも工夫を凝らしています。

---

[1] 学校教育法附則第9条第1項に規定する、文部科学省検定済教科書及び文部科学省著作教科書の発行されていない各教科・科目等で主たる教材として使用する教科用図書。例えば、学校設定科目のフランス語などの外国語のテキスト、工業や農業等専門教科の実習向けの図書や専門書、特別支援学校で使用する絵本など。

◆ 主な各種コーナー（学校図書館の館内）

❶ 新聞コーナー

2紙を読み比べられる。3か月前のものまで調べることが可能

❷ 郷土資料コーナー

岐阜県郷土資料研究協議会様寄贈図書などの中でも、写真や絵が多いものを配架している。

❸ 教科書コーナー

大型絵本を上部に、附則9条本を配架

❹ マルチメディアDAISY図書コーナー

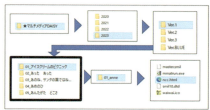

公益財団法人伊藤忠記念財団から寄贈されたマルチメディアDAISY図書をサーバー内に設置。アクセスしやすいように整理している。

❺ 教科書関連図書コーナー

附則9条本のシリーズ本を配架

❻ 進路コーナー

生徒が作成した「事業所マップ」などを掲示。LLブックやパンフレットなども充実している。

❼ CLブック（バリアフリー図書）コーナー

本校が独自に開発した、消毒できる丈夫な本

❽ 図鑑読み比べセット（校内図書セット）

同じ種類の図鑑が読み比べられるように、セットにして配架している。

学校図書館内（2024年1月現在）

学校図書館の新たな取り組み

　本校は、2022年12月に4階建ての東棟が完成したことに伴い、学校図書館の新たな取り組みを始めました。各棟の1階には、「移動図書館」（本の出前）を常設しています。また、全クラスに「移動学級文庫」を配架し、学年内を年に1回移動するようにすることで、各クラスで図書館を身近に感じられる工夫を実践しています。図書館には本だけでなく、紙芝居、パネルシアター、エプロンシアター、マルチメディアDAISY図書、CD、DVDなども充実し、多くの児童生徒や教職員が紙とデジタルを使い分け、授業に合わせた読書活動を展開しています。

　また、地域の学校司書などによるボランティア団体「劇団はらぺこ」を毎年招いて「人形劇鑑賞会」を行っています。事前に劇中の音楽を図書委員がお昼の放送で流し、児童生徒は当日を楽しみにしています。

人形劇鑑賞会の様子

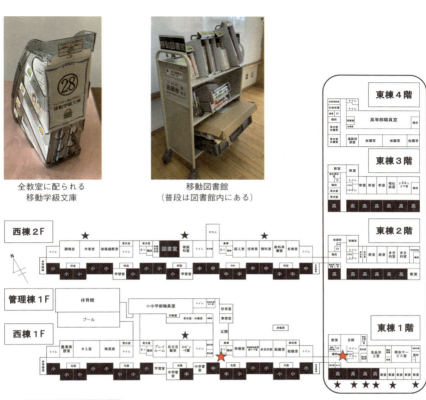

西棟1F 移動図書館
(東棟1Fにも同様にある)

図1　2023年度岐阜県立可茂特別支援学校　教室配置図(図書館・普通教室)
★印は電子黒板が使用できる教室 ★印は移動図書館

第2章 事例でわかる！学校図書館の「読書バリアフリー」

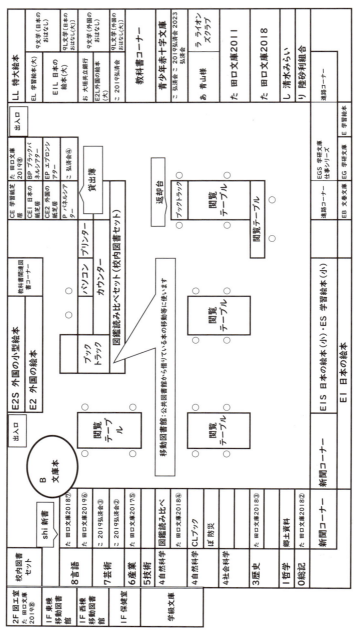

図2 岐阜県立可茂特別支援学校 学校図書館 館内図

世界が知りたい！Aさん

国立国会図書館国際子ども図書館には、「学校図書館セット貸出し」[*2]があります。このセットと岐阜県図書館の「セット文庫」のリクエストを、「図書館だより」の「図書リクエスト申込書」で募集することにしました。

図3　図書リクエスト申込書

このリクエストに毎回申し込みをするのがAさんです。抽選に当たり、希望の本を借りることができると、Aさんは大喜びです。

貸出期間が過ぎても、もっと読みたいAさんは、毎年図書委員会が募集している図書のリクエストアンケートにもこのセットの本（国際理解の本）をリクエストしていました。その後、寄贈により、このリクエストの本が図書館に整備されることになると、Aさんはい

「学校図書館セット貸出し」（青い左右の箱）中央は、岐阜県図書館の「セット文庫」

[*2] 学校図書館への支援の一環として、外国語の図書を含む児童書等約40冊を貸し出すサービス。貸出セットには、「国際理解」14種類、「科学」1種類、「バリアフリー」1種類がある。貸出可能数を上回る申し込みがあった場合、抽選で貸出校が決まる（https://www.kodomo.go.jp/promote/activity/rent/index.html）。

つでもその本を読むことができるようになり、喜んで本を借りる姿が見られました。

　世界のことについて学ぶ学習は、主に中学部の教育課程に位置づいており、国際交流では外国籍の人にさまざまな質問をしてより深く学んでいます。Aさんのように、読書意欲が旺盛な児童生徒のため、今後も相互貸借の環境や図書購入予算の確保などの環境を整えておく必要があります。

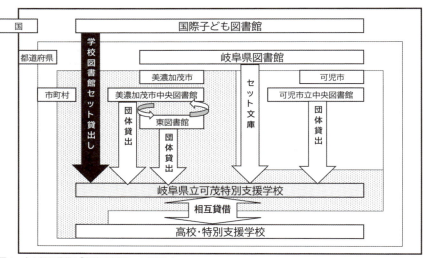

図4　主な相互貸借と「学校図書館セット貸出し」

破れにくいCLブックと出会った！Bさん

　Bさんのお気に入りの本は、写真が多い図鑑や絵本です。マルチメディアDAISY図書でも、「のりもの図鑑」をいつもリクエストします。自宅にも図鑑があり、楽しく読書をしています。しかし、お気に入りの図鑑や絵本を手にすると本の感触を楽しみ、ついつい爪で痕をつけて破いてしまいます。

担任の先生から、「Bさんが触れた本で破られなかった本はないので、どうしたらよいか」と相談を

横に破れたページ

受けました。教室の絵本や教科書はボロボロになっており、すべて破れてしまっています。

本校では、4年前に図書館利用規程の弁償規程を撤廃し、図書館の本の多くがブックコーティング*3されており、図書の修理を司書教諭が確実に行うなど手入れが行き届いています。

そこで、教科書等が破られる問題について知っていた筆者は、館長（校長）に相談し、Bさんのお気に入りの「のりもの図鑑」の破れにくい本を担任の先生方と共同で開発することにしました。

・①図書を解体する。
・②クリアファイルを小さく加工。
・③クリアファイルに解体した紙を入れる。

・④クリアファイルを透明ホルダーに入れる。
・⑤全ページをブックコーティングする。
・⑥結束バンドで綴じて完成。

CLブック作製方法

開発本の名称については、なるべくお気に入りの写真などが見えるように透明（クリアー）なほうがよいということで「CL（シーエル）ブック」としました。

表1　CLブック規格例

		サイズ	
		A4	A5
厚さ（mm）	表	0.48	0.48
	裏	0.68 +ページ厚	0.68 +ページ厚
材質	中	ポリプロピレン	ポリプロピレン
	表面	ポリ塩化ビニル等	ポリ塩化ビニル等
外形寸法（mm）		316×274	229×212
結束バンド寸法（mm）		202×4.6	202×4.6
材質・数		PA（ポリアミド）・4個	PA（ポリアミド）・4個

開発の最終段階では、できあがったCLブックを自宅に持ち帰り、どのように破れるかを見るなど、ご家庭にも協力していただきました。最初に持ち帰った試作品は破られてしまい失敗しましたが、さらに試行錯誤し、丈夫なCLブックが完成しました。

---

*3　「ブッカーがけ」とも言われ、多くの図書館では、ブックカバーフイルム（各社によりさまざまな名称がある）と呼ばれる透明のフイルムを貼って紫外線や汚れ、水、油分などから書籍を保護している。岐阜県可茂地区の学校司書の研究によると、本の帯をつけてブックコーティングすると、貸出しが増えることがわかり、本校でも、多くの本を帯をつけたままブックコーティングしている。

作製方法が決まり、材料を調達すると、図書委員会活動で図書委員の生徒が協力して製作しました。ブックコーティングなど難しい工程は筆者が行いました。

完成品を読むBさん

　完成した丈夫なCLブックに触れたBさんは、はじめは違和感があり、仕上がりの悪い個所を探すように触って確認していました。しかし、破れないことがわかると落ち着いて読書したり、大好きな工事の車など好きなのりものを指さしたりするようになりました。

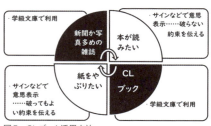
図5　CLブック活用方法

　最初は、学級文庫で活用していましたが、図書館に「CLブック（バリアフリー図書）コーナー」をつくり、誰でも利用できるようにしました。珍しいためか本を破らない児童生徒も借りていきます。A5サイズのものが大変人気です。

　破れる心配がなく、消毒できる「CLブック」を普及させることによって、破れてしまうことや衛生面で心配がある児童生徒が、読み聞かせをしてもらったり、自分で読んだりして読書活動を楽しむことができるようになることを願っています。そして、この事例のような児童生徒の読書バリアフリーを進めるために、次ページのように新しく「バリアフリー図書」の種類の追加（「保護」）を提案したいと思います。

表2　新しい「バリアフリー図書」の種類（三宅2022、2023）

種　類	資　料　名
（1）出版物	
①「視覚」を活用	・大活字本／LLブック／手話DVD
②「聴覚」を活用	・オーディオブック／朗読CD
③「触覚」を活用	・点字つきさわる絵本／布の絵本
（2）電子	
④電子書籍	
⑤特定電子書籍	・マルチメディアDAISY図書
（3）媒体変換	
⑥録音	
⑦テキストデータ	
（4）保護	
⑧表・裏・背表紙等	
⑨全ページ	・丈夫で消毒できる本＝CLブック

【参考文献】

三宅治朗「読書指導と環境の改善：学級文庫・教科書等各種コーナーの活用」『学校図書館』第858号、2022年、p.55-58.

三宅治朗「読書指導と環境の改善（Ⅱ）：教科書関連図書の活用」『学校図書館』第869号、2023年、p.61-64.

野口武悟・植村八潮『改訂 図書館のアクセシビリティ：「合理的配慮」の提供へ向けて』樹村房、2021年、p.38-61.

■岐阜県立可茂特別支援学校

（岐阜県美濃加茂市牧野2007-1）

児童生徒数：279名

蔵書冊数：5,357冊（内：絵本2,000冊、LLブック10冊、点字図書1冊、マルチメディアDAISY804点、布の絵本2冊、音の出る絵本3冊、CD1枚、DVD20枚、紙芝居132点、その他資料2,404点）

司書教諭：1名　図書担当教員：2名

事例 9

墨字生と点字生、一緒に学ぶ環境で読書ニーズに応える学校図書館

冨澤亨子（筑波大学附属視覚特別支援学校教諭）

墨字生と点字生のニーズに応える

　本校は、2026年に開校150周年を迎える国立の視覚特別支援学校です。幼・小・中・高（普通科・音楽科）と専攻科（鍼灸手技療法科・理学療法科）から構成されています。各学年とも墨字（点字に対して視覚を使って読み書きする文字を墨字といいます）を使う弱視（ロービジョン）の児童生徒（本稿では墨字生とします）と、点字を使う全盲の児童生徒（本稿では点字生とします）が一緒に学んでおり、中学生以上は全国から生徒が集まるので、毎年約4～5割程度の生徒が寄宿舎で生活しています。

　図書館は、4階建て校舎の1階部分に幼小学部用図書室、2階に中高生用図書室、4階に専攻科生の図書室と3か所にわかれて配置されています。3か所すべての図書館業務は専任の司書教諭の担当ですが、幼小学部については、コロナ禍以前は司書教諭と図書委員の児童が週2回貸出しを行ってきたものを、密を避けるために担任のみが授業や休み時間を利用して対応するようになりました。

小学部図書室前案内板
ここは、図書室だということが触るとわかるようになっている

小学部図書室　閲覧室

各図書室には、それぞれの状況に応じた図書が必要になります。書店で売っている図書（墨字図書と呼んでいます）もありますが、点字図書、拡大図書、録音図書（DAISY図書やCD）、幼小学部用には触る絵本など、同じタイトルでも多様な形態で揃えなければなりません。限られた場所にそれだけの形態のものを置かなければならないことと、点字図書などは1タイトルで何分冊にもなるため（例えば、生徒に人気の『精霊の守り人』は、点字図書では4分冊になります）、配架には校内の倉庫の活用など工夫をしています。

中高図書室　入口
館内の案内図を入口に掲示している。

中高図書室　閲覧室　赤い背の点字本は、『コンサイス英和辞典』の点字版。書架を1台と1列分占領している。

1 小学部図書室　低学年用点字図書書架　低学年には早く読み切れるように薄い点字本を用意している。
2 小学部図書室　録音図書棚　3 中高図書室　点字図書書架　4 小学部図書室　触る絵本の書架　5 触る絵本　6 触る絵本　中身見開き　7 4階（専攻科生）図書室　書架　8 4階（専攻科生）図書室　雑誌架

113

実践の詳細

◆ボランティアに点訳依頼

「生徒からの質問ナンバーワンは何ですか」

と聞かれたら、迷わず次の質問と答えるでしょう。

「先生、おもしろい本ない？」

「あなた（〇〇さん）にとっておもしろい本」は何なのか。「私はあなたじゃないから、あなたがどんな本が読みたいのか教えてくれないと選べないよ」と伝えて、前に読んだことのある図書の書名や好きなジャンルなどを聞きながら、生徒と一緒に探します。

墨字生の場合はそれぞれ本人の見え方によって、薦められる本の形態も変わってきます。一概にはいえませんが、視野は狭いが見えている範囲の視力がよい場合は文庫本でも読める場合がありますし、全体的に視力が低い場合は、大きな文字のほうが読みやすくなります。裸眼で見る生徒もいますし、拡大読書器を使って文字を拡大して読んでいる生徒もいて、読みのスタイルは人それぞれです。

そのため、拡大図書を図書館の蔵書としてボランティアさんにお願いするときには文字のサイズを22ポイントから28ポイントでつくることが多いのですが、墨字生全員がその文字の大きさで読みやすいかというとそうではありません。

また、電子書籍で一般に読みやすくなったと思われがちですが、これも文字の大きさなどが変えられ、画面に合わせてレイアウトが調整される形式（リフロー型）で作成されていないと、大きな文字で読みたい墨字生には読みにくいものでしかありません。

一方、点字生の場合は、点訳された図書を読みます。録音図書もありますが、特に中高の点字生が図書室に借りに来る場合、ほとんど点字図

書を希望します。「点字図書は寝ながらおなかの上に載せて読めるから、就寝時間になってもこっそり読めて便利なんだよ」と教えてくれた生徒もいましたが、学校で点字をしっかり学んでいるということが点字図書希望の大きな要因かと思います。

点字図書の依頼があれば、サピエ図書館を検索し、点字のデータをダウンロードして点字プリンタで打ち出し、ファイルに綴じて装備をしたのち貸し出します。とはいえ、サピエ図書館に蓄積されている点字データの数

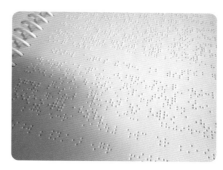

点字図書（上）と点字プリンタ（下）

は約26万タイトル（2023年11月1日現在）で、1年に約6.6万冊（2022年総務省統計局ウェブサイト）もの新刊本が出版される墨字図書と比べればほんの少ししかデータがありません。特に小中学生向けの図書は不足しているため、本校では図書館に登録している点訳ボランティアのグループにも作成してもらって補っています。

図書館から点訳ボランティアへの依頼方法は、年に2回こちらから点訳依頼の一覧表を送るところから始まります。一覧表の中からグループで点訳できそうなものを選んで希望を出してもらい、図書館は各グループから出された希望をすり合わせ、決定した図書を依頼。その後は、質問が送られてくれば回答しますが、最小限の決まり（できるだけ原本と同じように仕上げること、3回の校正、納期は4か月後）以外はそれぞれにお任せしてできあがるのを楽しみに待っています。

その他特別な場合もあります。1つの例を挙げると、修学旅行前の事

前学習。行先は沖縄です。ある年は、文化班、自然班、公民班、歴史班の４つに分かれた生徒たちがそれぞれの班に見合った図書を選び、読み、わかったことや気づき、感想などをクラスで分かち合いました。

図書館では、例年提供できる図書の一覧作成に協力していますが、沖縄に関する図書は数多く出版されているにも関わらず、新しいものは写真が多用され、地図なども入っているので（これは沖縄関連の図書に限ったことではありませんが）、点訳する側からすると躊躇する要素が多く、サピエ図書館を検索してもこちらが欲しいと思うデータがヒットすることは稀でした。

そこで写真や地図は特別に「点訳者の言葉での写真・地図の説明は一切しない」などの点訳者注を凡例に加えてからはじめるなどの対応を伝えて、沖縄関連の点字図書をボランティアに作成してもらいました。

ボランティアに依頼して作成した図書が、必ずしも生徒に読まれるとは限りませんが、サピエ図書館の活用と同時に、本校の生徒のために選んで作成した点字図書のデータを蓄積しておくことで、点字生の「おもしろい本ない？」にも安心して対応することができています。

◆図書館で点字図書を急遽作成！

11月の中旬、２学期も行事が一段落してきた頃、小学部の先生が司書室にやってきました。

「今度、調べ学習を兼ねて専攻科の留学生と交流をすることになったけれど、よい本はないかしら。まだ、インターネットで調べものができる児童とできない児童両方いるから、紙の図書がいいのだけれど」。

国は、マレーシアと台湾です。しかし、本校にある使えそうな図書は、『ポプラディア』とあと１冊あるのみ。他はデータが古く使いものになりません。

「時間はどれくらいありますか」

「来週後半からはじめたいと思って……」。

10日ほどしか時間がありません。本校の小学部は多くの授業を点字生と墨字生が一緒に学んでいるので、資料ごとに点字と墨字があることが望ましい状態です。

　そこでまずは、近隣の公立図書館のOPAC検索で、小学生が読んでも理解できる、台湾とマレーシアについて書かれた図書を探しました。先方に調べた図書の団体貸出を電話でお願いしたところ、他にもないか調べてくださり、より多くの図書を借り受けることができました。

　墨字生はその図書で調べられるとして、問題は点字生用。小学生にもわかりやすく書かれているものは写真や絵が多く、ほとんど点訳されていないのが現状です。公立図書館で借りてきた図書は、サピエにも点訳データがありませんでした。

　「普段はどうしているのですか」と依頼してきた先生に聞くと、「墨字の資料を墨字生に読んでもらってまとめている」とのこと。今回はボランティアに作成を依頼する時間はありません。そこで、急遽図書館で作成することにしました。

　全部を点訳するわけにはいきませんから、まず、点訳する図書を選びます。一番わかりやすかったのが、それぞれの国の食について書かれているものでした。はじめにPDF化し、Wordに変換のうえ、テキストデータをつくります。そのデータを自動点訳ソフト（EXTRA）[1]にかけて、点字に変換。分かち書きや外国語の読みが変換できているかのチェックをし、レイアウトを読みやすい形にして1つのファイルができあがりました。このあと、特に小学生が読む資料ということを考慮して、点字使用の教員に協力を仰ぎ校正をしてもらい、やっと授業の前日に担当教員の手に渡すことができました。

　その後、担当した教員から「『留学生との交流が近いので、調べ学習をします』と話したら、点字の生徒から『でも、どうせ点字の資料はないんでしょ』って声が上がったんだけど『今回は図書室と協力して点字

---

[1]　詳しくは、有限会社エクストラのウェブサイト（https://www.extra.co.jp/）を参照のこと。

の資料もあります』といったら、すごくうれしそうで授業が盛り上がりました。ありがとう」と感謝されました。「やっぱり、自分が読める資料が欲しいよね」と思うとともに、すべての教科でそれができたらと考えさせられた依頼でした。

◆こんな古いの使えない

「拡大読書器はありますか」

「あるにはあるけど……これなの」

「ああ、これならいいです。こんな古いの使えない」。

墨字生の中には、授業中も拡大読書器で読み書きをしている生徒がいます。現在はスマホ程度の大きさの拡大読書器もありますが、読み書きを同時にするには両手があいている状態でなければなりません。それを可能にする拡大読書器は画面とカメラが一体になっている機器なので、教室の外で使うにはパソコンラックに載せて押して移動させるしかありません。

「図書館で思い立ったとき、いつでも読めるようにしたい」。

これは図書館の願いですが、予算が毎年減っている現状、1台25万円ほどする拡大読書器は買えません。さまざまに悩み、相談していくうち助成金に応募することに思い至り、本格的に本校に合った助成金募集を探しはじめました。

まず、ネットで「教育」「施設・設備」などのキーワードを入力し、助成金を募集している団体を検索。検索してみると、実に多くの団体がヒットしますが、地域が限定されたり、大学のみが対象であったりで、最終的に1つの団体に絞られました。

そこから応募書類を整えて、拡大読書器を扱っている日本点字図書館からカタログを取り寄せ、見積書類を作成してもらい、拡大読書器2台と資料作成等に必要なDAISY図書再生録音機（プレクストークPTR3）2台の購入金額で応募しました。

応募してから数か月後、ありがたいことに助成が決まり、２階と４階の図書室にそれぞれ１台ずつ拡大読書器とDAISY図書再生録音機を設置することができました。

　「図書館だより」に写真とともに、利用の案内をしたところ、早速生徒がやってきて「新しい読書器入ったんですね。使ってもいいですか」とうれしい声がありました。

　障害者サービス用の機器は高額なものが多く、あきらめがちになっていましたが、読みたいというニーズに応えるには、これからもひるむことなく積極的に切り拓いていかなければと決意を新たにした出来事です。

■筑波大学附属視覚特別支援学校
（東京都文京区目白台３丁目27－6）
児童生徒数:155名(2024年4月1日現在)
蔵書冊数:墨字図書約15,000冊、点字図書約3,000タイトル、拡大図書約1,200タイトル、録音図書約1,400タイトル、触る絵本約130冊
司書教諭:1名　学校司書:0名

事例
10

その子の読みやすさ・読む力に合わせた
バリアフリー図書の制作と提供

野口豊子（横浜市立盲特別支援学校図書館運営員）

　本校は135年の歴史のある横浜市立の盲特別支援学校であり、目が見えない、見えにくい、また重複した障害がある生徒に対し、専門的な支援・教育を行う学校です。利用者は一般の出版物（墨字といいます）をそのままの形では読むことはできません。本校図書館は、教育相談の乳幼児から児童・生徒、専攻科に通う成人、教職員、保護者、卒業生と幅広い層が利用[*1]するため、絵本から医学書関連の本まで幅広く収集しています。

　そしてそれら蔵書や資料を「読める」形にする、すなわち読書のアクセスビリティを保障していくことが求められています。見えにくいといってもその見え方は1人ひとり異なります。内容をより理解して楽しむためには、個人の読み方に合わせた音訳・拡大・リライトなどの媒体変換が必要となります。

図書館の紹介

　館内は視覚障害者が利用する図書館として明るすぎないように遮光したうえで、個別に必要な明るさを得られるようにしています。

　拡大読書器、DAISY再生機プレクストーク、書見台、ipad等の機器に加えて、音声対応の図書館管理ソフトの導入や、レファレンス・サービス、ネット上の点訳・音訳のデータライブラリ「サピエ図書館」にア

[*1]　本校在学生82名のほか、乳幼児教育相談9名及び卒業生・保護者・教職員他、市内小・中学校の弱視学級（30級）・個別支援級（12級）などが利用（2023年5月1日時点）

クセスできるネット環境、対面朗読、機器の貸し出し等も実施しています。

　開館中は図書館運営員1名、学校司書1名が常駐しています。

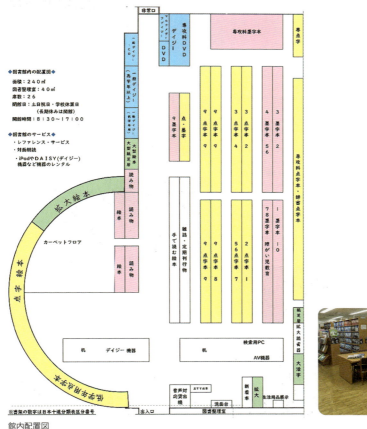

館内配置図

　蔵書冊数は約25,000冊ですが、そのうち墨字本は約半数です。あとは、墨字本を媒体変換した拡大図書や点字本、録音図書、マルチメディアDAISY図書、手で読む絵本などで構成されています。

　音声対応の図書館管理ソフト情報BOXで1人でも貸出・返却ができ、読書の権利と自由を守ることができます。

　プレクストークで音声訳された図書を聴いて読書することもできます。

また、墨字本をそのまま拡大して読める拡大読書器を使用することもできます。倍率や色調、白黒反転など見え方によって最適な画面に調節して読むことができます。

　本校図書館は図書館活動を支援してくださる数多くのボランティアグループによって支えられています。点訳、音訳、拡大図書作成、テキスト化、点字本製本、対面朗読、読み聞かせなどさまざまなグループにお世話になっています。

子どもが1人で貸出・返却を行っている様子

DAISY再生機プレクストークで読書する子ども

拡大読書器を使って読書する子ども

拡大読書器の白黒反転の画面

ボランティアさんへのお礼の手紙

媒体変換の具体的な展開

　2013年の課題図書『ぼくがきょうりゅうだったとき』(まつおか　たつひで作・絵、ポプラ社)は手で読む絵本、ポイント別3種の拡大絵本、点字図書、音訳(音楽つきCD・DAISY版)、やさしくリライトされたLLブック版拡大絵本及び点字図書、という展開となりました。

◆拡大して読む

　本校生徒の半分強が弱視です。弱視の利用者のために一般図書をテキスト化し、読みやすいフォントやポイント・白黒反転・行間・文字間などを整えて製作します。絵本は意外に文字が小さく、絵の上に文字が載っていたりして読みにくいので、文字を大きくするだけではなく、背景や色調も調整して見やすくします。写真絵本などは画像ソフトを使って作ります。

◆触って読む

　点訳された原本データを点字プリンタで打ち出して、点訳図書にしま

す。以前は手打ちでしたが、現在はほとんどが自動点訳ソフトを使ったパソコンによる点訳です。

また、透明のシートに点字を打ったものを市販の絵本に貼った絵本や点図ソフト「エーデル」*2 を使って、点図点訳した点図絵本もあります。

手で読む絵本は、ふわふわ、ざらざら、つるつるなどさまざまな触感を持つ素材を用いて原作の絵を再現して作ります。フェルトだけではなく、皮やスポンジ、造花材料、和紙などが使われ、指先の感覚を楽しみ、指先から情報を得る力を育むことができます。

右の写真は、手で読む絵本を楽しむ様子です。最近は、特殊な印刷によって『ぐりとぐら』(なかがわ りえこ作、おおむら ゆりこ絵、福音館書店)『さわるめいろ』(村山純子著・デザイン、点字つき絵本の出版と普及を考える会・岩田美津子協力、小学館)など、点字付きの触る絵本も市販されています。そうしたものも蔵書としています。

◆ 聴いて読む

原本を読み上げたものをオーディオ形式やDAISY形式にした音訳図書もあります。幼児向けには音楽を入れたり、学習書は図や表も読み下ししたりといった音訳をしています。

音読のボランティアから、対面形式で音訳のサービスを受けられる対面朗読も実施しています。

---

*2　元徳島県立高等学校教員の藤野稔寛氏が開発した図形点訳ソフト。「エーデル」とは、「絵が出る」という意味。フリーソフトとして無償で提供し、現在(2024年)も更新を続けている(https://www.www7a.biglobe.ne.jp/~EDEL-plus/)。

◆その他

　文字と音と絵がシンクロしているマルチメディアDAISY図書や、文章をわかりやすく短く書き直したリライト版(LLブック)、拡大図書を作ったり、読み上げができるなど汎用性の高いテキストデータも必要に応じて作成しています。

課題図書媒体変換の例

　毎年、公益財団法人全国学校図書館協議会の夏休みの課題図書(青少年読書感想文全国コンクール)の中からリクエストをとり、その子が読める形に媒体変換した図書を夏休み前に渡しています。市内の弱視級30クラスや通級クラス12校の生徒も対象です。媒体変換は多様多岐にわたります。

　2023年度は、リクエストのあった16タイトルを、点字本11タイトル、拡大図書・絵本14タイトルでフォント・ポイント別23パターン、音訳(オーディオ版・DAISY版)7タイトル、その他点字を打ったタックペーパーを貼った点訳絵本1、原本のPDFデータ2タイトルを製作しました。

◆具体例『パンケーキをたべるサイなんていない？』
（アンナ・ケンプ文、サラ・オギルヴィー絵、角野栄子訳、BL出版）

　上が原本、左下が一般的な蔵書の形式で22ポイントの拡大絵本にしたもの、右下がAさんのために作ったUDデジタル教科書体NK-B 40ポイントの拡大絵本です。

　原本は、文字が小さく、絵の上に文字が載っていて、書き出しが一定ではないため、どこから読んだらいいのかがわかりにくく、どの子にとっても読みやすいとはいえませんでした。

　「Aさんは、この絵本が大好きで自分で読みたいのだけれど、22ポイントでは字が小さい、視野も下が欠けているため、文字は上半分に入れて、わかりやすく単語の区切りで改行してほしい。絵も毎ページ入れてほしい」といった、担任ならではの具体的な希望があり、取り入れました。

　フォントとポイントのサンプルを作って読みやすいものを探し、UDデジタル教科書体NK-Bの40ポイントで作成しました。

　担任の先生からは、以下のお話がありました。

　「Aさんは、『本』の形のものを『持って』『自分で』読みたい気持ち

の強いお子さんです。また、手の操作性、知的な発達の凸凹の面から拡大読書器を使っての読書はまだ難しい状況です。はじめは、読めるポイントで図書館の蔵書としてあるものを読んでいましたが、題材の推奨年齢が上がるとポイントも小さくなるため、本人の読みたい内容の本と読める文字サイズの本に大きく相違のある状態でした。ある日図書館でいつも通り、38ポイントの短い本を読み、『パンケーキをたべるサイなんていない？』を教員が読み聞かせようとすると、『Ａちゃんもパンケーキとサイ読む』とリクエストがあり、図書館に相談しました。

　できあがった本を手に取ると夢中で読み進め、時間になっても本を手放さないくらいでした。大好きな本を自分の読みたい方法でストレスなく読めることがうれしくて仕方なかったのだと思います。この本が読めたことが自信となり、教科書に載っている物語も『Ａちゃんも読む』と言うようになりました。今では漢字の読みの学習やプリント形式での文章の読解にも取り組めるようになっています。本人にとって図書館で本が読めることが何よりの楽しみになっています。作成していただいた本は現在も毎週のように読んでいるお気に入り本です。」

　本は「読める」だけでは十分ではありません。内容をつかみ取り、読書の楽しさを味わい、さらに理解を深めるために「読みやすい」ことが大切です。その子にとっての「読みやすさ」のためには、子どもの視力や視野などの見え方をよく知って、その子の読みにくさに寄り添うこととともに、「読む力」もしっかり把握することが大切です。

■横浜市立盲特別支援学校
（横浜市神奈川区松見町１－26）
児童生徒数：82名
蔵書冊数：25,259冊（内：絵本2,554冊、LLブック40冊、点字図書7,214冊、拡大図書517冊、拡大絵本449冊、録音図書2,186冊、マルチメディアDAISY254点、手で読む絵本159冊、音の出る絵本50冊、DVD462枚、紙芝居77点、その他資料620点）
司書教諭：1名　図書館運営員：1名　学校司書：1名

column 2
国立国会図書館の読書バリアフリーの取り組み

本田麻衣子（国立国会図書館 関西館 図書館協力課 課長補佐）

　国立国会図書館は、国会に属する唯一の国立の図書館です。「国立国会図書館法」という法律に基づいて、1948年に設置されました。「真理がわれらを自由にする」という理念の下、国会に奉仕し、また国民の皆さまに広く図書館サービスを提供しています。その国立国会図書館が京都府にもあることをご存知でしょうか。

　2002年、増え続ける資料の収蔵庫や、近畿圏における大規模な調査研究図書館としての役割を果たすため、京都府相楽郡精華町に関西館が開館しました。東京本館と児童書専門の国際子ども図書館とともに、3つの施設が

図1　国立国会図書館 関西館全景

一体となってサービスを提供していますが、国立国会図書館の障害者サービスは、この関西館が主に担当しています。

　本コラムでは、国立国会図書館の読書バリアフリーの取り組みの1つとして、2024年1月に正式版を公開した「みなサーチ」をご紹介します。

みなサーチで選ぶ読書のカタチ

　みなサーチとは、国立国会図書館の新しい障害者用資料検索サービスです。2023年3月からの試験公開を経て、2024年1月に本格運用を開始しました。

　「読書バリアフリー」の実現のためには、自分が利用しやすい形式で、

本の内容にアクセスできるようにすることが大切です。そのためには、自分にとって利用しやすい形式の本にはどのようなものがあるのか、どこの図書館にあるのか、どのウェブサイトで提供されているのか、購入できるものがあるのかなどを、簡単に調べることができる必要があります。

みなサーチでは、目の見えない・見えにくい方、文字の読みにくさがある方、紙の本を持てない・ページをめくれない方、読書姿勢を保つことが難しい方など、さまざまな障害のある方が、利用しやすい形式の本を探すことができます。さらに、自分にとって利用しやすい形式の本をダウンロードして、自分のパソコンやスマートフォンで読んだり聴いたりすることもできます。

では、みなサーチの具体的な使い方を、学校図書館での利用を例にみてみましょう。

図2　みなサーチのトップページ

ニーズにあった利用しやすい形式の本を探す

利用しやすい形式の本には、点字図書や大活字本といった紙の本だけでなく、マルチメディアDAISY図書や電子書籍といったデジタルの本もあります。1つの学校図書館でそういった多くの形式の本を蔵書として持つには限りがありますので、児童生徒のニーズに合った本が自校にない場合は、みなサーチで探してみましょう。

みなサーチでは、本のタイトルや著者名から検索できるほか、本文の内容を検索できる全文検索やジャンル検索もあります。詳細検索では、DAISYや点字資料だけでなく、テキストデータやバリアフリー映像資料、LLブックなど、実に24種類の資料形態を指定して、児童生徒のニーズにあった形式の本のみに絞って検索することができます。さらに、子ども向けの本に絞って検索することも可能です。また、10種類のデータ

ベースと連携しているため、サピエ図書館にある本や販売している音声読み上げ対応の電子書籍・オーディオブックなども、一度の検索でまとめて探すことができます。一例として、児童向けのマル

図3 みなサーチ詳細検索での検索例

チメディアDAISY図書を検索してみましょう。みなサーチの詳細検索で、図3のようにチェックを入れて検索します。

児童生徒の端末で利用する

　上記の例では、「ダウンロードできる」にチェックを入れて検索しています。このチェックを入れて検索すると、みなサーチから直接データをダウンロードして利用できる本のみに絞って検索することができます。

　みなサーチ上ですぐに利用できる本の場合、本の詳しい情報が表示される画面でログインすると、図4のように「データをダウンロード」というボタンが表示され、

図4 みなサーチ詳細検索での検索例

ここから本のデータを入手することができます。

　学校図書館でみなサーチからデータをダウンロードするためには、国立国会図書館の「視覚障害者等用データ送信サービス」に登録する必要があります。登録手続には書類を提出していただく必要がありますが、費用はかかりません。データを提供できる対象は活字による読書が困難な児童生徒に限られますが、登録していただくと、250万件以上のデータを、みなサーチから無料でダウンロードしてご利用いただけます。例えば、子ども向けの音声DAISYなら約3,000点、マルチメディアDAISY図書なら約800点あります。

ダウンロードしたデータは、活字による読書が困難な児童生徒に貸し出すこともできますし、要望にあわせた媒体にデータを入れて、その児童生徒に譲渡することもできます。学校の1人1台端末にデータを入れることができれば、対象の児童生徒が自分のペースで自分の好きなように読書することが可能になります。さらに、もっと読みたい場合は、みなサーチを利用して、自分1人で読みたい本を探すことにつながっていくかもしれません。学校図書館を通じた視覚障害者等用データ送信サービスの活用については、同じく本書に掲載の島根県安来市立荒島小学校の事例（事例1）をご参照ください。

　みなサーチは、検索するだけなら、どなたでも登録せずにご利用いただけます。ぜひ一度検索してみてください。まずは多くの方にみなサーチを知っていただき、周りの方にも広めていただきたいと思っています。
　子どもの頃に自分にとって読みやすい本を気軽に選ぶ楽しみを知り、そういった本へのアクセス方法を知ることは、大人になっても読書への意欲につながります。「読書バリアフリー」の実現とは、誰もが読書による文字・活字文化の恩恵を受けられるようにすることです。読書することをあきらめていた方にとって、みなサーチが、紙の本以外にも読書する方法があることを知っていただくきっかけになることを願っています。

■国立国会図書館
　東京本館：〒100-8924　　東京都千代田区永田町1-10-1
　関西館：〒619-0287　　京都府相楽郡精華町精華台8-1-3
　国際子ども図書館：〒110-0007　　東京都台東区上野公園12-49
　所蔵点数(2023年度)：4,753万点　　来館者数(2023年度)：61万人
　職員数(2024年4月現在)：定員895名　　※数字はいずれも3館総計

〈みなサーチに関する問い合わせ先〉
関西館 図書館協力課 障害者図書館協力係
電話：0774-98-1458(直通)FAX：0774-94-9117
　メールアドレス：syo-tky@ndl.go.jp

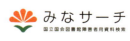

column 3

日本点字図書館の
教育機関との連携を中心とした取り組み

岩渕百世・吉永真唯・柴崎修平（日本点字図書館利用サービス部 図書情報課）

　日本点字図書館は、全盲の本間一夫によって1940年11月10日に創立されました。点字図書700冊から始まり、現在（2023年度末時点）の蔵書数は、点字図書23,506タイトル、録音図書26,567タイトルとなっています。

　当館を利用するには、利用登録が必要ですが、視覚障害の方だけではなく、読みに困難がある方であれば、どなたでも利用できます。個人だけではなく、学校・視覚障害者関連の団体・施設も登録可能です。

　また、26万タイトルに及ぶ点字データ、12万タイトルのDAISY図書データからダウンロード可能な電子図書館「サピエ図書館」のシステム管理も行っています。

　本コラムでは、そんな当館の取り組みについて、教育機関との連携を中心にご紹介します。

特別支援学校等での出張授業

　2019年から視覚特別支援学校高等部の生徒を対象に始まった出張授業。高等部だけではなく、教員養成課程のある大学にも伺っています。授業内容は、主に当館の利用案内、パソコンやスマホを使って読書をする方法の紹介ですが、事前に担当の先生と打ち合わせをし、生徒や学校の実態に合わせて決めています。

　要望が多いのは、点字図書・DAISY図書を読むための再生機（図1、図2）やソフト（図3）、アプリ（図4）の実演です。当館では展示作品を触っ

て鑑賞することができる「ふれる博物館」も運営していますが、3Dプリンタで印刷したカブトムシやコロナウイルス等に触れる授業は好評です。小・中学部での授業実績はまだありませんが、ご希望があればぜひお伺いしたいと思っています。

図1 「プレクストークPTR3」
シナノケンシ株式会社

図2 「ブレイルセンス シックス」
有限会社エクストラ

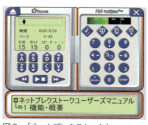

図3 「ネットプレクストーク」
シナノケンシ株式会社

図4 「ボイスオブデイジー5」有限会社サイパック

川崎市視覚障害者情報文化センターにおける小学校への出張授業

　当館が指定管理者となっている川崎市視覚障害者情報文化センターでは、川崎市内の公立の小学校で視覚障害当事者職員が出張授業を行っています。児童からは、

「ご飯はどうやって食べるのですか」

「点字はどうやって覚えるのですか」

といった質問がよくあります。

　授業では、白杖、音声時計、点字図書を見せ、DAISY図書を実際に聞いてもらいます。児童が好きな本やシネマ・デイジー[※]を再生すると、見えなくても本や映画が楽しめるのだと、驚きの反応があります。点字図書は人気で、人だかりができます。

　本授業で目指すのは、目が見えなくてかわいそう、とても大変、とい

※　音声DAISY図書の一種で、映画等の場面を解説した音声と、映画本編の音声を収録したもの。映像を見ることはできないが、本編の音声と解説を聴くことができる。

う印象で終わらせないこと。「工夫やサポートは必要だが、自分たちと変わらない生活をしている、楽しいこともたくさんある。もし街で視覚障害者を見かけたら声をかけたい」と具体的に考えられるところまでもっていくことです。

学校図書館との連携における課題

「図書館間貸出」として、学校図書館にも当館所蔵図書の貸し出しを行っています。例えば、前述の川崎市の小学校では、視覚障害の児童がいたのですが、朝読書の時間にその子だけ読む本がないという相談があり、定期的に10〜20タイトルの図書を担任の先生と相談しながら選書し、学校図書館に送っています。

ただ、このようなサービスがあること自体を知らない先生方も多く、利用実績はあまり芳しくありません（2023年度末時点、視覚特別支援学校の図書館・図書室の利用登録は8館、通常学校はなし）。

以前、学校の先生から、こんな相談がありました。

「今までは、学校が仲介となって、生徒は点字図書やDAISY図書を楽しんでいたけれど、卒業したらどうしたらいいのでしょう……」。

学校を卒業した後も、個人での登録はできますので、ぜひそのような情報を生徒に伝えていただきたいと思います。

読書バリアフリーの視点から学校図書館に期待すること

これまで当館の利用者は、主に視覚障害の方でしたが、読書バリアフリーということで、発達障害や知的障害、肢体不自由の方も利用できるようになりました。ただ、貸し出しは郵送が主で、視覚障害の方には、第四種の点字郵便物として無料でお送りすることができますが、その他の障害をもつ方には適用されないため、来館していただく形になります。

学校図書館が生徒たちの窓口になり、多様な子どもたちが今以上にバリアフリー図書を借りられるようになることを期待します。

図書館は情報提供施設！

　「私、これから目が見えなくなるって言われたんです。それで、どうしたらいいのかわからなくて、眼科の先生にここの図書館を勧められたのですが、私はまず何をしたらいいのでしょうか……」。
　当館には、漠然と不安を抱えて来館される方がいます。
　図書館は、図書の貸し出しだけではなく、情報提供施設でもあります。読書のことに限らず、生活をしていくうえで困ったことやわからないことがあったら、いろいろな情報を得られる場所として、まずはその存在を知っていただけたらうれしいです。

■社会福祉法人日本点字図書館(にっぽんてんじとしょかん)
　所在地：〒169-8586　東京都新宿区高田馬場1-23-4
　電話：03-3209-2442(図書情報課直通)
　　　　03-3209-0241(代表)
　蔵書冊数(2023年度末時点)：点字図書 23,506タイトル 85,904冊、録音図書 26,567タイトル 51,978巻
　利用登録者数(2023年度末時点)：個人 12,876名　団体 592
　主なサービス：図書の貸出・調査、希望点訳・個人朗読(プライベートサービス)、専門対面リーディングサービス、日常生活用具販売(わくわく用具ショップ)、自立訓練(生活訓練)、点字図書の頒布、ふれる博物館の運営・公開等
■サピエ図書館(2023年度末時点)
　所蔵タイトル：点字データ 263,645タイトル、
　音声DAISY 123,164タイトル
　ダウンロード数：点字データ 445,543回、
　音声DAISY 3,951,869回
　登録会員数：個人会員 20,716名　団体・施設 483

第3章

Q&Aでわかる！学校の「読書バリアフリー」

本章では、学校の先生方から寄せられた読書バリアフリーに関する疑問や悩みに、本書の編著者である野口と、第2章の事例紹介の先生方がお答えします。

Q1

他の子とは違う方法で読書をすることについて、周囲にどのように説明すればいいでしょうか。多様な読書の方法があることをどう伝えたらいいでしょうか。

A1 野口武悟の回答

一般的に"読書＝目での黙読"と思われていますし、多くの人たちがそれを当たり前のように行っています。そのため、目での黙読が苦手だと"読書が難しい人"と思われがちです。

ところが、海外（特にアメリカやドイツ）では、オーディオブックを耳で聴く読書が広く普及しています。音声読み上げができる電子書籍を目と耳の両方を使って読書する人もたくさんいますし、点字に指で触れて読書する人もいます。本来、読書の方法は、自分のニーズにあわせて、多様なはずです。しかし、日本ではその意識がまだ弱い現状にあります。

言葉だけで読書の方法が多様であることを伝えることには難しさもあります。そこで、学校図書館内に「りんごの棚」（第1章P.21等参照）をつくるのはいかがでしょうか。「りんごの棚」は、多様な読書の方法に応えるバリアフリー図書を集めた棚のことで、スウェーデンで始まりました。

❶ 多様な読書に応えるバリアフリー図書への認識・理解を広める
❷ バリアフリー図書を書架に埋もれさせない
❸ バリアフリー図書を誰でも利用できるようにする
などのねらいがあります。

今、日本の学校図書館や公立図書館でも「りんごの棚」をつくるところが徐々に増えています。取り組むにあたっては「りんごプロジェクト」

138

（主催：NPO法人ピープルデザイン研究所）のウェブサイトが参考になります（https://peraichi.com/landing_pages/view/ringoprogectbook）。

**Q2 予算的にさまざまな種類の
バリアフリー図書を揃えることが難しいのですが、
なにかよい方法はありませんか。**

A2 松田ひとみの回答

　学校が所在する都道府県や市区町村の公立図書館では、バリアフリー図書の団体貸出をしているところがあります。また、公益財団法人文字・活字文化推進機構の「読書バリアフリー体験セット」（第2章事例3 P.64等参照）の利用を申し込むという方法もあります。まずは、近くの公立図書館に相談してみてはいかがでしょうか。

**Q3 お金も人も限られているなかで、
環境整備をどう進めたらいいでしょうか。**

A3 野口武悟の回答

　多くの学校で悩まれていることでしょう。
　例えば、学校図書館が上階にあると、車いすユーザーの児童生徒や足にケガをした児童生徒が利用しづらくなります。校舎内にエレベーターが設置されていればいいですが、そうではない場合は予算要求してもすぐに認められる保障はありません。

では、何もしなくていいのかといえば、もちろんそうではありません。現在の担当職員が対応可能な範囲内で予算をかけずにできる工夫を検討してみましょう。校舎の1階に空きスペースがあれば、そこを「ミニ図書コーナー」としたり、ブックトラックを用いて「出前図書館サービス」を行ったりなどが考えられます。もちろん、学校の実情はさまざまですから、これさえ取り組めば完璧！ということはありません。重要なのは、環境整備に向けて予算要求を続けながら、担当職員同士でよく相談し、アイデアを出し合い、試行錯誤を重ねることです。

Q4

「視覚障害者等」に該当する児童生徒に提供するために、学校図書館で所蔵している図書や資料を著作権者の許可なしで、複製することは、可能でしょうか。

A4　野口武悟の回答

可能です。

根拠法は「著作権法」第37条です。第37条第1項ではもとになる図書・資料の著作権者に無許諾で点字への複製が、第37条第3項では点字以外の方式（音声等）への複製が可能です。学校図書館において、点訳者や音訳者などのボランティアが活動している場合には、学校図書館の責任のもと、これらボランティアに複製を担ってもらうこともできます。

ただし、「著作権法」のこの規定にもとづいて、複製された図書（DAISY図書等）は「視覚障害者等」の児童生徒だけに提供可能ですので、注意が必要です。

複製の実務にあたっては、日本図書館協会や全国学校図書館協議会等の図書館関係5団体が作成した「図書館の障害者サービスにおける著作権法第37条第3項に基づく著作物の複製等に関するガイドライン」を

参照してください（https://www.jla.or.jp/library/gudeline/tabid/865/Default.aspx）。

　また、前述の規定によって点字や音声等で複製された電子データ（これを特定電子書籍という）については、「著作権法」第37条第2項及び第3項によって、公衆送信することも可能です。この規定にもとづき運用されている特定電子書籍を全国で共有する仕組みに「サピエ図書館」（column 3参照）や「視覚障害者等用データ送信サービス」（column 2、第2章事例1参照）があります。これらの仕組みには学校図書館も登録可能ですので、ぜひ申請して、活用してください。

Q5

学校図書館で「視覚障害者等用データ送信サービス」を使いたいのですが、使うにあたっては国立国会図書館に「送信承認館」の申請をする必要があると聞きました。**申請する際に、学校図書館からは具体的にどのような書類を提出するのでしょうか。**

A5　井上賞子の回答

　国立国会図書館ウェブサイトの「視覚障害者等用データ送信サービス」（図書館等向け案内）のページから、「視覚障害者等用データの送信承認館申請書」をダウンロードして記入し、「設置根拠を明記した文書」と「図書館の活動状況がわかる資料」を添えて、国立国会図書館に提出（申請）します。

　本校の場合は、「設置根拠を明記した文書」としては、インターネットに公開されている「安来市立学校設置条例」。「図書館の活動状況がわかる資料」としては、特別支援教育コーディネーターが、特別支援教育対象児童の状況と個別の指導計画を作成するまでのプロセス、その中に複数いる紙の本では読書が難しい子どもたちにこのサービスをどんな場面でどんなふうに活用したいかを明記した文書。特別支援学級の「学級

だより」を数枚（名前や写真などの個人情報は隠してコピー）提出しました。

書類に不備がなければ、約1か月で承認され、ログインIDとパスワードが届きます。「視覚障害者等用データ送信サービス」は、年会費などの費用負担は発生しませんので、多くの学校で活用してほしいと思います。

なお、本実践の詳細は、井上のnoteの記事「情報紹介25　国会図書館から学校図書館を経由して個人端末にわいわい文庫を貸し出す」(https://note.com/inoue2021/n/n9821ec996a22?magazine_key=md9ff8873dd05)にもまとめていますので、ぜひ参考にしてください。

視覚障害者等用データの送信承認館申請書

【補足】

「図書館の活動状況がわかる資料」としては、「マルチメディアDAISY図書についての利用規定」や「図書館だより」（マルチメディアDAISY図書の貸し出しについて記載されたもの）を提出した事例もあります。いずれにしても、学校図書館がきちんと機能しているかどうかが問われます。

(野口)

Q6

「サピエ図書館」や「視覚障害者等用データ送信サービス」は便利ですが、児童書や問題集はないものも多く、かといって学校内でつくるには限界があります。**教材などの点字データ、DAISY データ、テキストデータ等の学校間での共有の仕組みはできないでしょうか。**

A6 野口武悟の回答

切実な課題だと思います。

「著作権法」上は、「視覚障害者等」に該当する児童生徒のために、個々の学校図書館相互で教材などの点字データ、DAISY データ等を公衆送信し合うことは可能です。しかし、それを全国規模で行う学校図書館に特化した仕組みは今のところありません。

参考になるのが、国立情報学研究所が運用する「読書バリアフリー資料メタデータ共有システム」(https://a11y.pub.nii.ac.jp)です。これは、大学図書館に特化した仕組みですが、大学の授業で用いる教科書のテキストデータ等を章単位などでも共有できます。

こうした仕組みが1日も早く学校図書館の分野でも実現してほしいと思います。

Q7

そもそも、「視覚障害者等」とはどのような状態の人のことでしょうか。

A7 野口武悟の回答

「視覚障害者等の読書環境の整備の推進に関する法律」(読書バリアフリー法)第2条では、「視覚障害、発達障害、肢体不自由その他の障害に

より、書籍（雑誌、新聞その他の刊行物を含む。）について、視覚による表現の認識が困難な者をいう」と定義しています。「著作権法」第37条第3項においてもほぼ同様に定義づけています。

もう少し具体的には、Ａ4のなかで紹介した「図書館の障害者サービスにおける著作権法第37条第3項に基づく著作物の複製等に関するガイドライン」の別表1が参考になります。このガイドラインでは、「別表1に例示する状態にあって、視覚著作物をそのままの方式では利用することが困難な者」と説明しています。

日本でいう「視覚障害者等」と、海外で用いられるPrint Disability

ガイドラインの別表1「視覚障害者等」の例示

視覚障害	発達障害
聴覚障害	学習障害
肢体障害	いわゆる「寝たきり」の状態
精神障害	一過性の障害
知的障害	入院患者
内部障害	その他図書館が認めた障害

ガイドラインの別表2「利用登録確認項目リスト」

チェック欄	確認事項
	身体障害者手帳の所持 [ ]級(注)
	精神障害者保健福祉手帳の所持 [ ]級
	療育手帳の所持 [ ]級
	医療機関・医療従事者からの証明書がある
	福祉窓口等から障害の状態を示す文書がある
	学校・教師から障害の状態を示す文書がある
	職場から障害の状態を示す文書がある
	学校における特別支援を受けているか受けていた
	福祉サービスを受けている
	ボランティアのサポートを受けている
	家族やヘルパーに文書類を読んでもらっている
	活字をそのままの大きさでは読めない
	活字を長時間集中して読むことができない
	目で読んでも内容が分からない、あるいは内容を記憶できない
	身体の病臥状態やまひ等により、資料を持ったりページをめくったりできない
	その他、原本をそのままの形では利用できない

注：(身体障害者手帳における障害の種類)視覚、聴覚、平衡、音声、言語、咀嚼、上肢、下肢、体幹、運動-上肢、運動-移動、心臓、腎臓、呼吸器、膀胱、直腸、小腸、免疫など(身体障害者福祉法別表による)

（PD）はほぼ同じです。わかりやすくいえば、両者とも、活字の読みに困難のある人を指します。より厳密にいえば、日本の「読書バリアフリー法」および「著作権法」上では「障害により」読みに困難のある人を「視覚障害者等」と定義しています。そのため、第一言語（母語）が異なることにより読みに困難のある人は、「視覚障害者等」に含まれていないことに留意する必要があります。

なお、「視覚障害者等」に該当するかどうかの確認は、各学校図書館に委ねられています。いわゆる「障害者手帳」の所持者だけに限らないことに留意する必要もあります。

「図書館の障害者サービスにおける著作権法第37条第3項に基づく著作物の複製等に関するガイドライン」では、別表2として「利用登録確認項目リスト」を掲載しているので、参照してください。このリストの項目には、「学校における特別支援を受けているか受けていた」「活字を長時間集中して読むことができない」「目で読んでも内容が分からない、あるいは内容を記憶できない」などが挙がっています。

Q8 読みに困難のある児童生徒がいることをどのように証明するのでしょうか。

A8 井上賞子の回答

前問のA7で「利用登録確認項目リスト」について説明しましたが、それに該当する児童生徒がいるかどうかをどう証明するのかということですね。

言い換えると、読みに困難のある児童生徒がいることを学校内でどんなプロセスで確認し、「視覚障害者等用データ送信サービス」の「送信

承認館」申請等の際に対外的に示せるかということかと思います。

　ご質問に「証明」とありますが、検査等で数値を出す必要はありません。特別支援学級や通級指導の対象児童かどうかは校内委員会で審議するのですが、それと同じように教員１人の主観ではなく、学校内できちんと審議することが欠かせません。このことを対外的にも示せる必要があります。

　本校では「送信承認館」申請等にあたって、前述の通り、次の２つの資料を提出しました。
・特別支援教育コーディネーターがどう情報を収集し、どう校内委員会で審議して該当児童を決めていくのかをまとめた文書
・特別支援学級の「学級だより」(特別支援学級が設置されていることを示す)

外国にルーツのある日本語指導を受けている児童生徒に著作権法第37条第３項により複製されたマルチメディアDAISY図書を利用させてもいいでしょうか。

 野口武悟の回答

　「視覚障害者等」に該当しない外国にルーツのある日本語指導を受けている児童生徒に利用させることはできません。

　著作権法第37条第３項により複製されたマルチメディアDAISY図書は、「視覚障害者等」に該当する児童生徒だけが利用可能です。

　ただし、マルチメディアDAISY教科書を含む「教科用特定図書等」については、2024年７月に「障害のある児童及び生徒のための教科用特定図書等の普及の促進等に関する法律」(教科書バリアフリー法)の一部を改正する法律が施行されたことで、外国にルーツのある日本語指導を受けている児童生徒にも提供可能となりました。

Q10

マルチメディア DAISY 図書は小学生向けというイメージがあります。
**知的障害の特別支援学校高等部や高等特別支援学校
の生徒には、マルチメディア DAISY 図書の利用は
適さないのではないでしょうか。**

A10　野口武悟の回答

　マルチメディア DAISY 図書は、小学生など特定の年齢層だけを対象
としてつくられたものではありません。さまざまな作品がありますので、
「視覚障害者等」に該当する幼児・小学生から高校生・大人まで楽しむ
ことができます。

　したがって、高校生段階でも、マルチメディア DAISY 図書を利用す
る生徒はたくさんいます。もちろん、マルチメディア DAISY 図書のほ
かにも LL ブックなど知的障害のある児童生徒の読書ニーズに適した図
書はあります。生徒の意見や読書ニーズを何よりも大切にして、その生
徒に適した図書を手渡してほしいと思います。

Q11

**障害のある児童生徒に応じた
読み聞かせの方法を教えてください。**

A11　土井美香子の回答

　先生方のなかには、読み聞かせの研修などを受けたことがある人もい
るでしょう。しかし、おそらく、その研修では障害のない児童生徒の、
しかも集団の児童生徒を想定した読み聞かせの研修だったのではないで
しょうか。

そのため、障害のある児童生徒に対して読み聞かせをしようとすると、「ちょっと違うな」と感じるかもしれません。

特別支援学校・学級での読み聞かせでは、

❶ どのようなニーズのある児童生徒に
❷ どのような場で
❸ どのような目的で読むのか

という３つの要素を考慮しながら進めることが大切です。そのうえで、ちょっとずつ読む、児童生徒に参加を呼びかける、読んでいる途中で児童生徒からの発言を促す、読んでいる途中で実物を示す、登場人物になりきってオーバーアクションをするなどの工夫があるといいでしょう。

Q12

ロービジョン（弱視）の児童生徒が楽しめる読み聞かせ方法を教えてください。

A12　土井美香子の回答

最近は、学校にも優れた教材提示具が配置されるようになってきました。

例えば、本を読んでいる読み手と本を書画カメラで撮って、大型テレビに映し出す方法（いわば、読み聞かせの実況）ですと、読み手は

書画カメラを使って、大型テレビに紙面を映して読み聞かせをしている

聞き手の反応を見ることができ、聞き手も読み手の表情を楽しみながら聞くことができます。

　この方法ですと、ロービジョンではない児童生徒への読み聞かせに近いかたちで、ロービジョンの児童生徒にも読み聞かせができます。

Q13
スマホ、タブレットが普及する現代において、改めて「読書バリアフリー」をどう考えるといいでしょうか。

A13　野口武悟の回答

　スマートフォンやタブレット端末などの情報通信機器が普及したことで、ウェブサイトや電子書籍などの文字の拡大や音声読み上げが容易になり、「読書バリアフリー」の推進に大いに寄与していると考えます。しかも、これら端末の拡大や読み上げなどのアクセシビリティ機能は、「視覚障害者等」だけではなく、誰もが自由に利用できます。その意味では、「読書バリアフリー」対応がより身近になったともいえるでしょう。

　「GIGAスクール構想」によって１人１台端末環境下となった学校では、児童生徒の手元にある端末で、どのようなアクセシビリティ機能が使えるのかを全員が学習する機会があってもいいかもしれません。

　なお、文部科学省が委託して筑波技術大学が開設する「読書バリアフリーコンソーシアム　テクノロジーハブ」のウェブサイト（https://www.i.tsukuba-tech.ac.jp/techhub）では、「読書バリアフリー」に役立つ情報通信機器などの情報を掲載しています。参考にしてください。

おわりに

　これまでも、そして現在も、大学における教員養成や司書養成に関する科目のなかに「読書バリアフリー」に特化した科目は位置づけられていません。ですので、本書をお読みになって「読書バリアフリー」について初めて知ったという人もいることでしょう。「読書バリアフリー」の推進には、人材育成の改善が喫緊の課題なのです。

　また、本書を読めば読むほど、「読書バリアフリー」についてもっと知りたい、学びたいと思われた人もいるのではないでしょうか。実は、「読書バリアフリー」に関する研修の充実も課題といえます。文部科学省が2023年度に実施した「令和５年度　子供の読書活動の推進等に関する調査研究：読書活動の推進に携わる人材の育成に関する実態調査」の結果によると、司書教諭や学校司書等の学校図書館担当の教職員を対象として「読書バリアフリー」に関する内容の研修を実施している割合は、都道府県・政令市・中核市で18.5％、その他の市町村で7.7％に過ぎませんでした。また、同様の内容を教員を対象とした法定研修で行っている割合も9.1％でした。

　そのため、「読書バリアフリー」について、もっと知りたい、学びたい人には、自主的に講座等を受講することをお勧めします。例えば、公益財団法人文字・活字文化推進機構が2024年９月から開始した「読書バリアフリーサポーター養成講座」は、全４日程で「読書バリアフリー」の基礎から実践までが体系的に学べます。４日程のうちの３日程まではオンライン（オンデマンド）で受講可能ですので、全国から無理なく学べます。詳しくは同機構のウェブサイト（https://www.mojikatsuji.or.jp/）をご確認ください。

ところで、今日、学校を含めた各方面でSDGsへの取り組みが進められています。そのSDGsの基本原則が「誰一人取り残さない」です。本書のテーマである「読書バリアフリー」は、まさに読書から「誰一人取り残さない」ための取り組みといえます。本書の各章、特に第２章の10の事例や、第３章のＱ＆Ａ、そして３つのコラムをヒントに、各学校で「これならやれそう」ということをまずは見つけていただき、それを無理せずに進めてほしいと思います。本書をお読みになった皆さんの取り組みが、読書から「誰一人取り残さない」学校づくりの前進には欠かせないのです。

　加えて、皆さんには、本書で知ったことを学校内の同僚など周囲の人たちにもぜひ共有していただきたいのです（もちろん、本書自体を紹介していただけると、もっとうれしいです）。「読書バリアフリー」の種は、「知る」ことだと思うからです。共有という皆さんの種まきによって、「知る」人が増えます。すると、芽が出て「理解の輪」という幹が広がり、やがて花が咲き実となって実践に「生かす」ことにつながります。

　皆さんのこれからの取り組みに、執筆者一同、期待しています。そして、応援しています。ここまでお読みいただき、ありがとうございました。

2024年11月吉日

編著者　野口武悟

■ 編著者紹介

野口武悟(のぐち・たけのり)　第1章、第3章担当

専修大学文学部教授。公益社団法人全国学校図書館協議会理事長。放送大学客員教授。筑波大学大学院博士課程修了、博士(図書館情報学)。図書館情報学を専門とし、読書バリアフリー、障害者サービス、子どもの読書活動、電子図書館などを研究している。現在、文部科学省図書館・学校図書館の運営の充実に関する有識者会議委員、同省視覚障害者等の読書環境の整備の推進に係る関係者協議会委員、NPOブックスタート理事、日本特別ニーズ教育学会理事などを務める。著書に『読書バリアフリーの世界　大活字本と電子書籍の普及と活用』(三和書籍)他多数。

■ テキストデータの提供について

本書をご購入いただいた方のうち、視覚障害等の理由で書字へのアクセスが困難な方には本書のテキストデータを提供いたします。ご希望される方は、ご氏名、ご住所を明記した返信用封筒、下の引換券、CDをご希望の場合は200円切手(メールによるファイル添付をご希望の場合は不要)を同封のうえ、下記までお送りください。

【送付先】

〒101-0051　東京都千代田区神田神保町1-2-5　和栗ハトヤビル3F
学事出版株式会社出版部　テキストデータ係

＊なお、点訳・音訳などの作成は、視覚障害等の理由で書字へのアクセスが困難な方のみ認めております。内容の改変・流用、転載、その他営利を目的とした利用はお断りいたします。

学校の「読書バリアフリー」はじめの一歩　学校図書館10の事例

2024年12月25日　初版第1刷発行

編著者── 野口武悟

発行者── 鈴木宣昭

発行所── 学事出版株式会社
　　　　　〒101-0051　東京都千代田区神田神保町1-2-5
　　　　　電話 03-3518-9655　https://www.gakuji.co.jp

編集担当　加藤　愛
装丁・本文デザイン　弾デザイン事務所　本文イラスト　松永えりか(フェニックス)
カバーイラスト　iStock.com/Muharrem huner
印刷製本　精文堂印刷株式会社

© Takenori Noguchi, 2024 Printed in Japan
落丁・乱丁本はお取替えします。無断転載はお断りします。
ISBN978-4-7619-3040-0　C3037

テキストデータ引換券
『学校の「読書バリアフリー」
はじめの一歩』